提摩西·高威 —— 著

W. TIMOTHY
GALLWEY

譯 —— 李靈芝

THE INNER GAME
OF TENNIS

The Classic Guide to the Mental Side of Peak Performance

比賽，從心開始

如何建立自信、發揮潛力，學習任何技能的經典方法

經營管理 143

比賽，從心開始（50週年紀念版，比爾‧蓋茲推薦）

如何建立自信、發揮潛力，學習任何技能的經典方法

作　　　者	提摩西‧高威（W. Timothy Gallwey）
譯　　　者	李靈芝
責 任 編 輯	林博華
行 銷 業 務	劉順眾、顏宏紋、李君宜
總 編 輯	林博華
事業群總經理	謝至平
發 行 人	何飛鵬
出　　　版	經濟新潮社
	115台北市南港區昆陽街16號4樓
	電話：(02)2500-0888　傳真：(02)2500-1951
	經濟新潮社部落格：http://ecocite.pixnet.net
發　　　行	英屬蓋曼群島商家庭傳媒股份有限公司城邦分公司
	115台北市南港區昆陽街16號8樓
	客服服務專線：02-25007718；25007719
	24小時傳真專線：02-25001990；25001991
	服務時間：週一至週五上午09:30-12:00；下午13:30-17:00
	劃撥帳號：19863813；戶名：書虫股份有限公司
	讀者服務信箱：service@readingclub.com.tw
香港發行所	城邦（香港）出版集團有限公司
	香港九龍土瓜灣土瓜灣道86號順聯工業大廈6樓A室
	電話：852-2508 6231　傳真：852-2578 9337
	E-mail: hkcite@biznetvigator.com
馬新發行所	城邦（馬新）出版集團Cite(M) Sdn. Bhd. (458372 U)
	41, Jalan Radin Anum, Bandar Baru Sri Petaling,
	57000 Kuala Lumpur, Malaysia.
	電話：+6(03)-90563833　傳真：+6(03)-90576622
	E-mail: services@cite.my
印　　　刷	漾格科技股份有限公司
初 版 一 刷	2017年12月19日
二 版 一 刷	2025年2月4日

城邦讀書花園
www.cite.com.tw

ISBN：978-626-7195-89-5、978-626-7195-90-1（EPUB）　　　版權所有‧翻印必究

定價：380元

〈出版緣起〉

我們在商業性、全球化的世界中生活

經濟新潮社編輯部

　　跨入二十一世紀，放眼這個世界，不能不感到這是「全球化」及「商業力量無遠弗屆」的時代。隨著資訊科技的進步、網路的普及，我們可以輕鬆地和認識或不認識的朋友交流；同時，企業巨人在我們日常生活中所扮演的角色，也是日益重要，甚至不可或缺。

　　在這樣的背景下，我們可以說，無論是企業或個人，都面臨了巨大的挑戰與無限的機會。

　　本著「以人為本位，在商業性、全球化的世界中生活」為宗旨，我們成立了「經濟新潮社」，以探索未來的經營管理、經濟趨勢、投資理財為目標，使讀者能更快掌握時代的脈動，抓住最新的趨勢，並在全球化的世界裏，過更人性的生活。

　　之所以選擇「經營管理─經濟趨勢─投資理財」為主要

目標，其實包含了我們的關注：「經營管理」是企業體（或非營利組織）的成長與永續之道；「投資理財」是個人的安身之道；而「經濟趨勢」則是會影響這兩者的變數。綜合來看，可以涵蓋我們所關注的「個人生活」和「組織生活」這兩個面向。

這也可以說明我們命名為「經濟新潮」的緣由——因為經濟狀況變化萬千，最終還是群眾心理的反映，離不開「人」的因素；這也是我們「以人為本位」的初衷。

手機廣告裏有一句名言：「科技始終來自人性。」我們倒期待「商業始終來自人性」，並努力在往後的編輯與出版的過程中實踐。

獻給

啟迪我網球學習之路的父母，

以及

教導我什麼才是真正勝利的普仁羅華。

真正的比賽是什麼？
比賽是個讓你的身心靈皆感到愉悅的過程。
你將贏得這場比賽的勝利。

——普仁羅華（Prem Rawat，也被稱為Maharaji）

目 次

釋放個人潛力的最佳指南

比爾‧蓋茲（Bill Gates）

　　瑞士網球選手羅傑‧費德勒（Roger Federer）退休時，我回想起他曾經告訴我一個他打球的方式，很有深意。他說他贏球的一個關鍵是：他有一種絕佳能力，能夠保持冷靜平和的心情。所有看過羅傑打球的人都知道他說的是什麼。當比賽落後時，他知道他需要再加把勁，但絕不會過度憂慮。當他得分時，不會花太多精力給自己喝采。他打球的風格和美國網球選手約翰‧馬克安諾（John McEnroe）截然不同，後者會即時併發所有的情緒。

　　我很高興聽到羅傑談到他比賽的這個要素，因為這是我從1970年代中期讀了提摩西‧高威（Timothy Gallwey）的經典之作《比賽，從心開始》（*The Inner Game of Tennis*）之後，就希望能擁有的特質。它是我所讀過最棒的網球書籍，當中提到的深刻建議可以應用在生活的許多領域。我到

今天還是會買這本書送給朋友。

　　《比賽，從心開始》自1974年首度發行即大受讀者歡迎。高威是南加州一位很成功的網球教練，他說網球比賽可以分為兩個部分。「外在比賽」（outer game）是比較偏技巧的部分，也就是如何握拍、反手拍時如何控制手臂的高度，諸如此類。這些是大部分教練和球員會注意的部分。

　　高威肯定外在比賽的重要性，但他最感興趣的是大多數人往往忽略的部分：「內心比賽」（inner game）。他說：「內心比賽是發生在球員的心裡。」有別於有個對手站在球網另一邊的外在比賽，內心比賽「要克服的障礙是：不專注、緊張、自我懷疑以及自我譴責等等。簡而言之，內心比賽就是要克服一切阻礙你達成傑出表現的習慣」。

　　我非常認同他的看法，因此這本書我讀過很多次，對我來說，這是很不尋常的。我讀這本書之前，每次和別人比賽時，我都會在比賽中對自己說：「漏接這球，好氣！我就是最不會打這種球。」負面的想法久久揮之不去，到了打下一球時，我還在想著之前打壞的球。高威介紹了許多排除負面感受的方法，以便走出自設的情感牢籠，好讓自己打好下一球。

　　高威有個見解，你第一次聽到可能會覺得很瘋狂。他

說：「贏球的祕訣在於：不要太賣力。」

要如何「不要太賣力打球」而贏球呢？高威說：「當球員『進入狀態』（in the zone）時，他想的不是如何、何時，甚至是擊球的位置。他們不是在努力打到球，而且打到球之後，也不會去想自己的擊球點有多好或多壞。換句話說，這個打球過程無需球員思考。」

「內心比賽」談的就是心理狀態。這個心態會幫助你還是傷害你呢？大部分人都太容易困在自我批判的牢籠中，進而限制了自己表現得更好。我們需要從錯誤中學習，卻不需要緊抓著自己犯的錯不放。

高威和他的讀者很快就發現：內心比賽談的不只是網球。其後他出版了和高爾夫球、滑雪、音樂，甚至是職場相關的類似書籍。

即使我在二十多歲時停止打網球，以便發展微軟（Microsoft）的事業，並在四十多歲時重拾球拍，高威的見解卻以微妙的方式影響著我的工作。例如：儘管我是個尖銳的自我批判者，會客觀地評斷自己做得如何，但是我會試著以建設性的方式遵行高威的想法，進而提升自己的表現。

雖然我做得並非盡善盡美，但我試著以他的原則來管理

團隊。多年前微軟發生了一次事故：某團隊在一個軟體中發現錯誤，但他們已送貨到門市（那還是用光碟賣產品的年代）。如果要召回軟體，公司必須耗費巨額成本。他們告訴我這個壞消息時，態度非常自責。我對他們說：「很高興你們承認必須換掉這片光碟。今天你們損失了一大筆錢，但還有明天，而你們會做得更好。我們看看產品為什麼會出錯，以後不要再犯相同的錯了。」

　　網球隨著時間更迭而演進。今天的頂尖選手和50年前的冠軍相比，打球的方式已大不相同了，但今天來看，《比賽，從心開始》的內容就和1974年初版時一樣，和球員緊緊相扣、密不可分。即使外在比賽已經改變，內心比賽依舊不變。

（本文摘錄自原本發表於GatesNotes.com的〈釋放個人潛力的最佳指南〉〔The Best Guide to Getting Out of Your Own Way〕一文。）

誰打敗了誰？——比賽，從心開始

劉奕成

選手神色木然地站在場上，用心思考：為什麼對面的對手神色一派輕鬆，彷彿看不起排名遙遙領先他的自己。愈想愈不對勁，額頭上逐漸冒出斗大的汗珠。

對面的選手其實也沒閒著，教練說的「不要想太多」一直在腦海中像直昇機一樣盤旋，旋來轉去搞得自己都暈了。心想直昇機這樣轉會不會掉下去。說來奇怪，這樣有的沒的四處亂想，最後居然感覺到很輕鬆，算了，管他對手是誰，只希望在場的媒體攝影記者能把自己拍得帥一點。此時心情漫步在雲端，握著球拍的手彷彿自然和球拍融為一體，蓄勢待發。

不知道這場比賽最後究竟鹿死誰手，但是從某個角度看，對面的選手已經贏了。別的不說，那種「羽扇綸巾談笑間」的態度，已經征服了球迷。其實，根據過去的經驗，對

15

面的選手，因為心情輕鬆，最後的贏面的確較大。

　　愛看比賽的球迷常常尋思：有些平常練習時，或是表演賽時表現一把罩的球員，到了比賽時卻跌跌撞撞。更不乏有些在例行季賽表現優異的球星，到了季後賽甚至總決賽卻荒腔走板。懂得看門道的粉絲也都了解，這些往往不是技術問題，而是心理問題。

　　現在談球員的心理問題，好像是膚淺的卑之無甚高論。但你如果知道《比賽，從心開始》這本書，其實是將近50年前的作品，將會因為作者提摩西‧高威在半世紀之前就展現的高度，而佩服不已，更會為了這本書的內容，居然跟現在這個時代的看法幾乎沒有違和感，而覺得驚訝。

　　這本《比賽，從心開始》的英文原名其實是《The Inner Game of Tennis》，所以其中有相當的篇幅，是對網球的介紹，但是大部分的內容，都可以從網球延伸到大多數的運動競賽，放諸四海而皆準。

　　當然，許多讀者在翻閱這本書時，會想到運動心理學。的確，這本書開啟了將運動心理成功注入一般大眾寫作之先河，內容或許並非自始至終具備嚴謹的科學理論，但是卻對後來的運動心理學，產生了價值連城的影響。

畢竟「運動心理學」（sports psychology）這個字眼雖然比較晚才正式粉墨登場，其實早在1898年美國印地安那州州立大學的一名心理學家諾曼・崔彼（Norman Triplett）就曾經研究過，為什麼自行車選手的團體競賽成績常會比個人賽突出。在1921至1931年間，被後人稱作運動心理學之父的柯曼・葛菲斯（Coleman Griffith）也出版了許多研究報告，甚至曾經嘗試直接在MLB的芝加哥小熊隊落實運動心理學的理念。

在學術界開始有了對於運動心理學的基礎研究之後，現代奧林匹克運動會創始人顧拜旦（Pierre de Coubertin）在1913年便曾經召開運動心理學相關的會議，接下來的數十年內，蘇聯、德國及美國等國家對運動心理學方面的問題展開了一系列研究。但是學術的研究十分活躍，真正運用在實際運動比賽上，寥寥無幾。

本書在1974年出版之後，產生了推波助瀾的效果，美國的奧運委員會，在1980年正式成立了運動心理諮詢委員會，並且從1985年開始正式聘用運動心理學家，如今一般深愛職業運動的球迷都知道，在美國MLB和NBA等職業運動聯賽，運動心理諮詢是標準配備。

對於我們一般運動愛好者，非職業運動經營者來說，看

了這本書，還可能多了解些什麼？一場運動競賽，原來競爭的不只是技術的高低，也是心理素質的競賽，這種觀點，也正是圍棋和電競 eSports 相繼成為「運動」一員的背後因素，更重要的是，也宣告了運動的競爭樣態，可以拓展到許多領域。

現在的運動競技，在選手的能力部分，時常相差無幾，最終決定那勝敗的毫釐之差的，其實是在選手不為外人所知的腦海中。過去許多人認為是意志力，也有人說是決斷力，甚至有人會說是遺忘的能力，但是作者的看法很有意思，他覺得這些可能都有，但是可能彼比頡頏，在進行一場腦內競賽。

在每個球員心裏，都有「兩個自我」：「自我1」會下指令；「自我2」執行任務。任務執行完畢之後，「自我1」會對任務給出評價。

在作者的解釋中，這就是「內心比賽」的真相：你的「自我1」和「自我2」的競合關係，決定了我們將知識技巧轉化為真實的能力。要在現場有好的表現，要處理的是「兩個自己」。有時並不是對手打敗了自己，而是自己打敗了自己。

除了運動賽事，演出、演講、股票交易，甚至於日常的

管理，也都有類似前述的內心風景。我們懂得之後，如何運用在生活中，存乎一心，哦不，存乎二心。

（本文作者為和鼎創業投資公司副董事長）

實戰演練，才是真的學會

鄭緯筌

　　說到網球，你會想到什麼？是藍天、紅土和充滿青春活力的網球裙？還是「瑞士特快車」費德勒（Roger Federer）對戰「西班牙蠻牛」納達爾（Rafael Nadal）？抑或是被評為史上經典戰役的瑞典前球王博格（Bjorn Borg）與美國高手馬克安諾（John McEnroe）之間的史詩鏖戰？

　　誠然，網球對很多人有不同的意義，有些朋友可能是從1989年張德培以17歲又3個月之齡奪得法國網球公開賽冠軍，從而開始對這項運動有更進一步的認識。對我來說，網球也有獨特的意義。還記得大學時代，我曾上過一學期的網球課，當時練習握拍、揮拍總有些困擾——明明姿勢已經按照教練指示了，卻老是掌握不到要領，更是連球都沾不上邊？再不然就是遠遠看到球來了，自己的腳步卻跟不上？

　　再次閱讀《比賽，從心開始》（*The Inner Game of*

Tennis）這本書的時候，彷彿時光倒流，又回到了大學時代。當時的回憶歷歷在目，這時我才恍然大悟：為何那位看起來人很好的教練，認真起來卻不苟言笑，只在一開始跟大家講解若干打網球的注意事項，後面幾堂課就督促我們這群大學生下場練習。

到現在我還印象深刻，很多人一開始連接發球都不會，只能夠追著球滿場跑，但有趣的事情發生了──透過幾次的實戰演練，慢慢地大家就逐漸有模有樣了！期末測驗的時候，即使面對教練打過來的一記強襲球，很多同學也能不慌不忙地以優雅的姿勢迎上前去，直接用反手拍予以回擊。

現在回想起來，當時教練的這種做法，其實和本書作者提姆・高威（Timothy Gallwey）所提倡的「直接演練」可說是如出一轍，教學原理也相互吻合。這種以實際演練取代傳統課堂講授的模式，其實背後沒有太深奧的原理，就只是透過不斷重複的動作，讓學習者得以從場邊的專注觀察和場上的實際演練，了解執拍揮擊的律動感，以及球與球拍接觸的真實感受。

作者也在書中提到，無論是網球教練或老師在教學的時候，千萬不要太依賴口語傳播和說明。如若試圖把每一個細節步驟都講解清楚，通常只會收到反效果，這時應該改弦易

轍，拋下傳統的教學模式，改用直接演練的方法展示給學員看——試想，當我們把跑動、上網和揮拍等一連貫的動作仔細拆解之後，並且將看到的示範畫面在腦海中重現時，我們便會刻意地命令自己的肢體按照過往印象進行模仿。毫無疑問，這就是一種最佳的學習策略。

現在的企業界很重視教練（Coaching），其實這個概念其來有自，一如你所猜測的，最早就是源自於運動界。寫過包括本書《比賽，從心開始》、《滑雪的內心遊戲》和《高爾夫球的內心遊戲》等膾炙人口好書的作者提姆・高威，非常擅於洞察人心。他指出一個關鍵，那就是每個人的內心都有兩個我。第一個我，是喜歡發號施令的我，而第二個我，才是真正做事的我。

作者告訴我們，在每一位球員身上，「自我1」與「自我2」兩者之間的關係，是決定他能否將自己的知識轉化為能力的關鍵。換言之，如果大家想要提升學習效率，我們就必須先在這兩個自我之間取得均衡。

厲害的教練可以解放人們的潛能，讓他們做出極致表現。一如有「禪師」美名的美國職籃教練菲爾・傑克森（Philip Douglas Jackson），曾成功帶領芝加哥公牛隊和洛杉磯湖人隊勇奪多次NBA冠軍。他擅長將事情重新改組，不

但改變一般的練球方式，更讓球員關燈進行混戰。他引以為傲的教法，就是用實際經驗代替喋喋不休的訓話，更讓大家摸黑練球，僅憑熟練的肢體動作以及隊友之間的默契來突破障礙。

說到《比賽，從心開始》這本年紀可能比不少讀者朋友還來得大的好書，我始終是秉持無比的敬意來拜讀。因為，對目前身為講師和企業顧問的我來說，有時不免也需要扮演教練的角色。所以，我常翻閱這本書，作者也不曾讓我失望，每次閱讀總會帶給我一些嶄新的指引與方向。

真的很高興聽到經濟新潮社引進此書嘉惠臺灣讀者，是以特別撰文推薦。

（本文作者為大學講師、企業顧問、培訓講師、專欄作家、文案寫作專家）

覺察：自己發現盲點，解決問題

陳茂雄

　　我年輕時學過網球，但後來沒有再持續這項運動。然而我從2006年開始從事企業教練的工作至今，我的所作所為就是在幫助他人發現並排除自己的盲點（也就是本書所謂的干擾），因而能夠將潛力釋放出來，最終達到提升個人績效的目標。在此我想從一個企業教練的角度，來談談《比賽，從心開始》這本書讓我產生共鳴之處。

　　首先，本書將「自我覺察」的概念具體化。大家都知道自我覺察的重要性，但這其實是個很抽象的概念，因此不容易掌握，更遑論學習其方法。本書提出的內心比賽（inner game）、外在比賽（outer game）的概念，以及內心比賽牽涉到兩個自我（「自我1」發號施令，「自我2」執行任務），並提供如何讓這兩個自我互相協調合作的方法，其實就將自我覺察這概念具體化了——使之更容易理解，進而可以操作

實踐。

　　我在教練工作中經常發現，當事人無法發揮潛力、展現績效的原因，往往是來自於內在的矛盾衝突，也就是如本書所說的，有二個對立的聲音（自我）在心裏互相拉扯。例如：85歲的創辦人無法找到接班人，就是因為他一方面想要交班出去，另一方面又想要掌控一切；24歲的優秀畢業生找到人人稱羨的工作後卻無法適應，原因是她一方面想要融入公司的文化體系，另一方面又想要活出自己的獨特價值。

　　許多人來求助時，其實並不清楚他們真正的問題是出在「內心比賽」而非「外在比賽」。85歲的創辦人認為他的問題是找不到好的接班人，24歲的畢業生認為她的問題是情緒控管不好。因此，我首先要做的是幫助當事人將其內在衝突具體化，他才容易產生覺察，而將注意力放在化解內在的矛盾衝突，最後外在的問題往往就迎刃而解了。

　　舉理性與感性的內在衝突為例，人的天性是既有理性也有感性，然而經過環境的影響及後天的學習，讓有些人認為理性比感性重要，或感性比理性重要，兩者的失衡，就會產生問題。過度理性的人往往只重視完成任務，而忽略了人際關係；過度感性的人則太重視他人的感受，而以犧牲做事的效益為代價。不管過度理性或過度感性，其結果都是績效

不彰。

用本書作者高威（Timothy Gallwey）的語言來解釋，這類人之所以績效不彰，表面的原因是他的「外在比賽」之技巧不好（人際關係不好，或沒有執行力），但更重要的原因是他沒有打好「內心比賽」（「理性自我」與「感性自我」彼此排斥，無法協調一致）。

在教練工作中碰到這種情形時，我會幫助他們了解，他們心中常會有兩個聲音（也就是兩個自我），一個在說「為了達成任務我可以六親不認」，另一個則說「可是我也想要有朋友」。然後請他們為這兩個自我命名，分別代表「理性自我」與「感性自我」。

接著讓這兩個自我彼此對話，此時當事人就體驗到，這兩個自我都是他的一部分，也都真實的存在，但同時這兩個自我卻又彼此排斥，都希望對方不存在。這時，我會指出「安內才能攘外」，只有當兩個自我能夠協調合作（安內）時，才能一致對外、提升績效（攘外）。

透過這兩個自我不斷地對話與爭執，讓這兩個自我彼此協商如何協調合作，通常當事人就能自己找出解決方案，例如，需要執行力時讓「理性自我」主導，需要建立關係時則讓「感性自我」主導。如此兩個自我就從「互斥」的關係轉

化為「互補」的關係。

　　上述的教練步驟看似繁瑣費時，然而最大的特色首先是，整個過程逐步將當事人抽象的心理歷程具像化，讓他更容易體會與掌握。其次是，由當事人自己發現盲點，並自己找到解決問題的方法，最能夠引發他改變的動機。這其實也是「教練式領導」的精義。

　　除了將自我覺察的概念具體化之外，本書讓我很有共鳴的是：高威對「勝利的真諦」之反思與探討。他從很小就開始學網球，並贏得許多比賽。但比賽總是有贏有輸，久而久之，讓他開始反思自己到底為何而戰。最後他的結論是：如果只是為了贏得勝利而戰，則他就很容易將焦點放在外在比賽，而忽略了內心比賽，最後往往陷入患得患失的干擾之惡性循環。反之，如果是為了克服自己的障礙而戰，則他就能將焦點放在內心比賽，也就比較容易進入不斷地「發現盲點、激發潛力」的良性循環，更重要的是，他更能享受打球的樂趣，這才是勝利的真諦。

　　我特別喜歡高威表達以上觀點的一段話，故以之作為本文的結尾：

　　　網球涉及兩種比賽：外在比賽打的是排除對手給你的

障礙，並爭取一項獎品。另一種則是內心比賽，也就是與自己心理和情緒的障礙比賽，以贏得認清自己潛能的知識，並在適當時機發揮這份潛能。

我衷心期盼讀者能和我一樣，從本書中得到一些認清自己潛能的知識，並享受閱讀本書所產生的領悟，以及所帶來的樂趣。

（本文作者為高階主管教練，《薩提爾教練模式》、《薩提爾的自我覺察練習》二書作者）

信任你的直覺，讓學習自然發生

蔡志浩

你一定記得1977年的電影《星際大戰》裏的這一幕：路克駕著X翼戰機貼近死星表面高速飛行、想把飛彈射進死星的唯一弱點，一個開口非常小的排氣管道，直達核心。當他準備利用電腦導引完成這不可能的任務時，歐比王說：「用你的原力，路克。關掉電腦吧。」

我們都知道歐比王要路克做的是信任直覺。信任直覺正是我在做重大決定時的第一原則，以及我在帶各行各業的團隊從事創新活動時經常提醒的事。而這也是《比賽，從心開始》這本書傳遞的主要訊息。

書中的自我1與自我2大致對應到心理學家發現的兩種學習路徑：外顯（explicit）與內隱（implicit）。前者是有意識的學習：你知道自己在學習，知道在學什麼，知道是否學會。後者則在意識層面之外，你不知道自己在學習，不知道

31

在學什麼，也不知道學到了什麼。

人的很多學習是內隱的，尤其是認知與動作技能。

很多年前我和研究夥伴做過一個內隱學習的實驗。實驗任務很簡單：螢幕上從左到右有四個燈，每次有一個會亮起，受試者要盡快按下相對應的按鍵。就是反覆「亮哪個燈按哪個鍵」。

受試者不知道的是，亮燈的順序看起來隨機，其實是依某種規則產生的。僅最後一小段的順序真的完全隨機。

實驗開始後，隨著嘗試次數的增加，受試者反應愈來愈快。他們只是單純的熟悉了按鍵動作？或是掌握了規則，可以猜到接下來哪個燈會亮，提前做好準備？

關鍵的測試在最後的隨機序列。我們發現受試者的反應慢了下來，慢到跟實驗剛開始時一樣。這代表之前愈來愈快不單只是習慣，而是真的學到了規則，能夠預測。當順序不再有規則，預測失準，反應就慢了。

有趣的是當實驗結束之後詢問受試者，他們都沒有意識到亮燈順序有什麼規則，也沒有意識到自己預測了什麼或學到了什麼。

內隱學習與外顯學習是兩條相對獨立的路徑。很多外顯學習有困難的人（例如失憶或失智），他們的內隱學習仍能運作。在我們的實驗中，失智的高齡受試者一樣展現了內隱學習的效果，而他們的外顯學習是有障礙的。

簡單的實驗任務如此，複雜的技能學習亦然。例如一個看似一氣呵成的網球揮拍擊球動作，其實都是由更小的動作一個接著一個組成的。每一連串細微動作的預測、連接與精熟，都要經過大量的回饋、修正與練習。

正因為內隱知識的無意識特性，很多把某項技能做到精熟的專家其實也不知道自己是怎麼做到的，當然也不知道要怎麼教別人。

你永遠不可能在意識層面完全控制自己。你應該要思考的是，如何藉由了解內隱學習，也就是自我 2 的特性，讓自己獲得更好的表現。當然這也不表示你就該放棄自我 1。你要讓它做它最擅長的事：觀察。

人有強大的制約學習本能。我們原本就非常能夠預測刺激與刺激之間，以及刺激、反應與後果之間的關聯。這些學習與預測的過程本身固然是內隱的，但你得有敏銳且不帶批判的觀察力，才能覺察到這些線索。

正如《比賽，從心開始》所建議的，把你的焦點從技術指導（應該做什麼、怎麼做）移開，重新聚焦在認知指南（觀察自己的身體與環境、以及自己的動作與影響）。讓你的自我 2 透過你的觀察自然去發現與學習應該做什麼與怎麼做。

從不帶批判眼光觀察現有行為、到描繪理想結果、到相信自我 2 讓學習自然發生、再到不帶批判地觀察改變與結果。這就是促成學習自然發生的正向循環。

記住，不要試著去控制一切。那是不可能的。

今年我拜訪了幾家鼓勵職員工運動有成的企業。其中一家企業有位員工是前職棒球員。他與總經理都提到，打擊率三成已經是很厲害的打者了，但也意謂著失敗率高達七成。運動員都有欣然接受挫折與失敗並持續嘗試與訓練的樂觀態度。這樣的心理素質讓他在工作上更能面對挑戰。

這也是本書的英文原題中 inner game（內心比賽）要傳遞的訊息：不只網球，也不只競技運動，每一項人類活動都涉及外在和內心比賽。能夠克服內在障礙，外在表現才可能提升。想贏得外在的比賽，我們得先幫自我 2 贏得內心的比賽。

（本文作者為認知心理學家、台灣應用心理學會監事、台灣使用者經驗設計協會創會理事長。作者網站：https://taiwan.chtsai.org/）

場上唯一的敵人跟教練，都是自己

詹益鑑

這是一本關於比賽的書，談的卻不是場上的比賽。這是一本關於網球跟教練的書，但應用領域卻遠不僅只於網球及運動教學。讓我先聊聊自己的故事……

2012年至今，我參加了十五場鐵人賽事，從第一場25.75公里的半程奧運距離鐵人賽，到2016、2017兩年的113公里半程超鐵。2019年底移居矽谷五年後，於2024年參加位於舊金山的「逃出惡魔島」賽事。在一開始的五年期間，也跟團騎車環島、參加全馬賽事，平日的自主訓練，跑班、泳團跟私教課程更是沒有中斷，強度逐步提升，為的是輕鬆而專注地完成一場比賽。

是的，為了真正「完成一場比賽」，我花了五年。

2017年4月底、第二次參加的113賽事，直到抵達終點

的那一刻，我才明白，前五年間的各種練習跟參賽經驗，都沒有白費。雖然成績是個人最快速度，但心情跟身體上的輕鬆，跟賽後恢復的速度，超過之前每一場比賽。經過一年鍛鍊，完賽時間從 7 小時 47 分進步到 6 小時 34 分，這 1 小時 13 分的差距，除了來自正確的訓練規劃與執行之外，更重要的是比賽時的專注與穩定。

即便如此，那場比賽並非一路順利。游泳時因為捷泳定位技術不足、路線偏斜而浪費不少時間；轉換到單車項目時，因為程序準備上的疏忽，沒能戴上有度數的風鏡，只好裸著近視超過 400 度的雙眼，聚精會神地完成 90 公里的單車路程；還好最後以目標配速完成 21 公里路跑，也是我第一場沒有停下來行走的鐵人賽。

六個半小時的成績絕不出色，分組排名也僅在 50/150。但我知道，經過那五年時間、十場比賽跟上萬公里的練習，我已經找到了掌握自己跟挑戰自己的關鍵，也就是「在場上當自己的教練，專注而放鬆地享受比賽」。

2017 年之後，我再次創業，並遭遇極大的挫敗與衝擊，又在移居矽谷後，遭遇疫情。直到 2022 年，我才重新開始自主訓練，參與加大柏克萊分校舉辦的半程奧運距離賽事，兩年後的 2024 夏天，參加了「逃出惡魔島」鐵人賽，並以 3

小時41分順利完賽。為了這一場比賽，我也同樣準備了兩年以上，規律的騎車、跑步並找教練修正泳姿，才能完成。

這是耐力運動迷人與獨特的地方。不同於球類競賽，無論是單人、雙人或多人的賽制，多數的比賽都在球場內進行，場邊教練可以透過眼神、動作、口語，甚至頭盔內的無線對講機，傳達指令、修正戰略與戰術。

但是游泳、單車、路跑、鐵人這類的賽事，即便比賽時眾多選手一同出發，賽道上摩肩擦踵，但每一個選手都知道，一旦出發後，在抵達終點之前，這是一場跟自己的比賽。唯一的教練，也只有你自己而已。

場上的其他選手，其實不是你的對手，而是夥伴；無論跟你並肩而行、前後追逐，大家都是在拿出最佳實力，證明自己贏過昨天、上一季、去年或上一場賽事的自己。只是，你們碰巧在同個時間、同個地點，一同完成這場跟自己的比賽。

回到這本關於網球、教練與內心比賽的書。無論你有沒有上場參賽的經驗，其實多數人都有面臨對手時的臨場反應，以及對自己動作行為的價值判斷。

但這些瞬間反應與價值判斷，其實會中斷我們對於環

境、現場還有動作的「知覺」與「感受」。當認知壓過感知的時候，許多細微的失誤跟偏差，往往是一場比賽、一場對話、一個表演最後能否成功的關鍵因素。

這並不是說，認知不重要。相反的，贏得內心比賽的關鍵，在於建立感知能力跟客觀認知的能力。因為無論是身體也好、環境也罷，或者當下所面對的對手、局勢、情境，都是隨時可能改變的，無法感知也就無法做出修正跟回應。

但是，僅培養感知能力也是不足的，沒有大量的練習，累積身體關於動作的記憶、神經系統感知外界變化的能力，所謂「放鬆而專注」的狀態，是無法輕易達成的。因為動作熟練、心態開放所以得以放鬆，因為全心感知身體與環境的互動所以必須專注。

所謂「放鬆而專注」，其實許多人（尤其是有基礎運動能力者）在第一次打保齡球或高爾夫球時，因為剛開始接觸，而且全神貫注，卻又還沒有被錯誤姿勢跟求勝壓力所影響，所以都會打出格外高的分數。反而在接觸後不久，甚至練習一段時間之後，往往每下愈況，越修正越緊繃，成績也未見起色。

這時候如果採用本書的思維，先排除精神上與認知上的壓力，只專注在感受身體跟動作本身上，並在重複練習後於

腦中演示，或許我們都可以找到進步的訣竅。這個模式有一個非常有名的案例，就是游泳名將菲爾普斯，他從小就採用這樣的訓練方式，每一場比賽都是在執行身體與腦海中無數次練習跟演示過的過程，讓自己進入專注而放鬆的狀態，奪牌彷彿只是照著劇本而已。

除了運動場上，「內心比賽」也隨時出現在我們的生活與工作當中。主觀模式與價值判斷總會阻撓我們感受當下、正確回應，造成溝通、判斷或合作上的失誤與困境。

除了認識內心比賽對我們所造成的影響，這本書給我另一個巨大的啟發，在於探討競爭的意義與對手的價值。如果我們的目標是透過超越困難、障礙，包括對手、環境或是自身條件，不斷超越自己，那麼場上的所有對手，其實是共同創造這個機會的夥伴。

如果雙方都竭盡心力、努力比賽的話，場上對手，其實是朋友而非敵人。無論在哪個賽場上，真正的敵人，一直都只有我們自己。

比賽，從心開始。因為所有比賽的敵人，都在我們內心。但只要你能做自己的教練，就能贏得內心比賽，戰勝自己。

（本文作者為 Taiwan Global Angels 創辦人）

前言

彼得・凱洛（Pete Carroll）

2010-2023年西雅圖海鷹美式足球隊總教練暨執行副總裁

友人介紹我認識提姆・高威，已是50年前的事了。當時他已充分掌握冷靜表現帶來的好處；這套經典原則至今仍經得起時間的考驗。從很早開始，我就篤信「高度專注」和「信任」的力量，深信它們是卓越表現的基石。無論是執教西雅圖海鷹隊（Seattle Seahawks）贏得超級盃，還是訓練南加大特洛伊人隊（USC Trojans）在「世紀之戰」中擊敗奧克拉荷馬隊，我一直都在追求掌控「噪音」的藝術，因為噪音會妨礙專注力。這是我教練生涯的核心主題。

我看過無數場令人回味無窮、併發高超運動技能的美式足球賽。然而，每次看著眼前的球員，我都心知肚明他們的心裡正在上演一場更微妙的戰鬥。球員們能夠表現得好，心理層面才是決定勝負的關鍵。提姆・高威把這些影響成敗的心理因素稱為「內心比賽」（inner game）。要交出漂亮的成

43

績單，運動員必須做好致勝的心理準備。教練和運動員，無論什麼層級，都必須面對與表現相關的心理因素。他們必須排除所有的困惑，才能在比賽中釋放出自己的能力。

我多年前還是研究生時，就讀過《比賽，從心開始》（*The Inner Game of Tennis*）這本書，並肯定高威在個人運動方面的教導確實很有幫助。而當我年歲漸長，越發了解一顆平靜的心有助於比賽時的表現，我開始在球隊中也運用信任和專注的原則，讓整個團隊能表現得更好。

唯有不斷地努力練習，才能培養出長期穩居冠軍寶座所需要的自信。一切意義重大的成就，都是嚴謹且勤奮練習所帶來的成果。唯有在球場上重複演練，才能成就卓越的表現。球員們經過規律的訓練，開始能夠信任教練、信任他們自己，並培養出無視於周遭狀況或環境，也能集中注意力的自信。

半個世紀以來對於內心比賽的投入與實踐，一直是我教練理念的基石。這些原則已融入長期培養而成的大學美式足球文化的各個層面，其後又擴散到最高層級的美式足球聯盟（NFL）的文化中。對我來說，這是最好的內心比賽。它是經得起時間考驗的高效能科學。這些原則已成為圍繞我們生命和訓練計畫的一種生活方式，我將永久感謝這些教誨。練

習保持平穩的心靈是造就卓越表現的最終要素，更是決定發揮最佳表現的最後一個技能發展階段。培養此高度信任和專注的技能，一直是內心比賽以及我個人的教練目標。

教練：運動與人生

薩克・克萊曼（Zach Kleinman）

我在認識提姆・高威之前，就已經很佩服他，也信任他的書《比賽，從心開始》的教導。這種信任關係是從 1974 年就開始，當時我正在閱讀你手上的這本書。他讓我肯定我所走的路是正確的，而且還能走得更遠，而我的確也這麼做了。他提醒我：「這不只是關於網球，也無關乎輸贏。如果我們能夠體驗當下，就能釋放己身的自由。」不過，我還是喜歡贏，不喜歡輸。三十年後的今天，他仍然教導我如何抱持信念，也引導我成為「內心比賽」的教師。提姆身體力行他書中的教誨，而作為我的導師和榜樣，他信任我，也引領我參與他不斷學習的人生。我因此特別感謝他：他毫不保留地投入於他的所愛。

有一次，他更清楚地教導我。那是他首次為網球教師所舉辦的內心比賽研討會的最後一天。儘管在幾個月前我曾經

當過他網球內心比賽訓練中心（Inner Tennis clinic）的助教，但在研討會的那一天，我才真正和提姆上了一堂「一對一課程」（有三十人在旁觀看）。他提到權威：「你要表現出你的權威。要能掌握自己的擊球。（Express authority. Become the author of your own shot.）」他平靜地要求。我發現在那個當下，我對於打球產生了一些新的、可能性的想像。從此，我的教練方式和打球方式有了新的面向，它不光是來自於掌控，更來自我能想像的一切事物。對於我自己的人生，我是主宰者，也是創造者。

提姆·高威在1976年12月10日星期五，下午大約2點半的時候所說的一句話，徹底改變了我的一生。「薩克，回家吧。回去教打球，下次研討會再來。」

當時一股新動力和決心誘發我堅定地說：「不可能。」接著我內心更強烈的本能讓我說出：「我要在這裏。我要幫助你、協助你，也要學習。」

提姆微笑。

我留下來了。是什麼動力讓我真正留下來呢？是一股神奇的魔法，驅使我待在球場上，與提姆一起教球和學習。他精闢、簡單且具突破性的法則，讓我身為一個老師、球員和個人，都表現得更好。

　　自從我的生命全然改變，重新掌控自己的人生之後，我仍然信任提姆。我仍住在洛杉磯，繼續應用「內心比賽」，並開設訓練中心來發揮它的影響力，在網球、高爾夫球、音樂和桌球等方面，進行團體和個人的教導。我幾乎每天都跟隨提姆學習、成長和實踐——不論在球場上或球場外——以克服身心靈的考驗。

關於本書

　　每個比賽都分成兩個部分：外在比賽（outer game）和內心比賽（inner game）。外在的比賽，你是和一個具體的對手比賽，你要克服外在的障礙，達成一個看得到的目標。市面上有很多運動訓練書籍，說明如何揮球拍、球棍或球棒，以及要如何運用手臂、大腿或軀幹，以達成最佳成果。但由於某些原因，很多人覺得這些指導知易行難。

　　本書的基本理念就是：如果你完全無視於內心比賽的技巧，則你打任何一種比賽都很難進步，或從中獲得滿足感。內心比賽是發生在球員的心裏，要克服的障礙是：不專注、緊張、自我懷疑以及自我譴責等等。簡而言之，內心比賽就是要克服一切阻礙你達成傑出表現的習慣。

　　我們常常無法理解，為什麼昨天明明表現不錯，今天卻打得一塌糊塗？或者是，為什麼我會在比賽中失手，或打出讓對手輕鬆得分的球？此外，為什麼要改掉壞習慣、培養新習慣那麼困難，要花那麼多的時間？內心比賽的勝利或許無

法為你贏得獎盃，但卻會帶來雋永而且寶貴的獎賞，無論是在球場上或球場外，都能有助於個人的成功。

在所有打球技巧中，內心比賽的球員最重視的是：放鬆，而且專注。他會真正建立起自信心，以及學會要贏得任何比賽，其祕訣就是「不要太賣力」。他把目標放在自發性的表現，也就是在心情平靜的狀況下，身心合為一體，而且能夠用自己的方式，一再地超越自己的極限。克服面對賽事的焦慮感之後，內心比賽的球員能夠產生求勝的意志，進而釋放所有能量，而且從不因為輸球而沮喪。

要學會做好這些事，其實有一種更自然而有效的方法。那有點像是我們都曾經歷過的——小時候學走路、學說話那樣，只是長大之後就忘得一乾二淨了。那是一種心靈的直覺力，而且要同時用到左右腦。這個過程不需要學，因為我們都知道那是怎麼一回事。我們要做的只是：忘記干擾此過程的所有習慣，讓那個過程自然而然的發生。

內心比賽，就是要釋放並探索人類的潛能。本書將以網球為例，來探索這個過程。

第一章

網球之路的心理省思

網球選手最感到困惑的問題，並不是如何正確揮拍之類的事。市面上有很多討論相關技巧的書籍和專家，可以提供解答。大部分球員也不會過度抱怨體能極限的問題。自古以來最讓運動員困擾的是：「我不是不知道該怎麼做，問題是我就是做不好！」網球教練常聽到的其他抱怨包括：

　　我練習時的表現，往往比上場比賽的時候好。

　　我確實知道我的正拍哪裏打不好，但我就是沒辦法改掉那個習慣。

　　我照書上說的去擊球，但每次都做得很糟糕。當我專心做該做的事情時，就無法顧到其他事。

　　當我面對一個強敵，而比賽接近最後決勝時，我就會緊張，而無法集中精神。

　　我最大的敵人是自己；我每次都被自己打敗了。

　　無論是哪一種運動，大部分運動員都經常碰到類似的困難，但要找到如何處理這些問題的實務見解，卻不太容易。我們常聽到用來安慰運動員的至理名言包括：「網球是非常講究心理因素的比賽，你必須培養正確的心態，」或者是：「你要有自信，要有贏球的心，否則就永遠都是輸家。」但我們要如何培養「自信」，或是「正確的心態」呢？這些往

往都是無解的問題。

如何改善這個心理過程，將擊球方法的技術性資訊，轉譯為有效的行動，這個問題似乎還有值得討論的空間。我們這本書的主題，談的就是如何培養內心技巧。缺乏這樣的技巧，球員將無法達成卓越表現。

典型的網球課

不妨想像一下，一個渴望學習的學生，正在上同樣熱切教學的新進教練的網球課時，他／她的心裏正在想些什麼。假設這個學生是個中年的商務人士，他希望能提升他在球會俱樂部中的排名。教練站在網子的另一邊，身邊放著一大籃的網球。由於他不太確定學生會不會覺得付出這筆教練費到底划不划算，他就仔細指導每次的揮拍。「做的好，但威爾先生，你隨揮（follow-through）的時候，拍面轉得多了一點。現在向前接球時把重心移到前腳……你收拍太晚了……你向後拉拍時應該比剛才更低一點……就是這樣，好多了。」過沒多久，威爾先生的腦海裏一定翻騰著六件該做的事，和十六件不該做的事。用這種教法要讓學生進步，似乎有困難，而且太複雜。但學生和教練都對於這麼審慎分析每

次擊球留下深刻的印象，而且學生聽到這樣的建議：「練習所有這些技巧，你的球技最後一定會大有進步」時，也樂於雙手奉上學費。

我必須承認，我剛開始擔任教練時，也曾這樣過度教導（overteaching）。但有一天我放鬆心情，開始少說話而多注意。我驚訝地發現，我沒提到的錯誤，居然學生在不知不覺的情況下，自己糾正過來了。怎麼會有這樣的改變呢？儘管我認為這是個有趣的發現，但對我的專業自尊來說，是有點難以接受的，因為再怎麼看，也無法將學生的進步歸功於我。當我進一步發現，有時候我口頭表達的指導方法，甚至更降低了學生進步的可能性時，這對我的打擊就更大了。

所有專業教練都知道我在說什麼。他們都跟我一樣，曾經教導過像桃樂絲這樣的學生。我會溫和地對桃樂絲提出壓力不大的指導：「不妨試著揮拍時，將重心從腰部移到你的肩膀上。上旋動作會讓球一直在球場兩邊跑。」桃樂絲當然會竭力試著照我的話做。她鼓起嘴巴周圍的肌肉、皺著眉頭以示決心、前臂的肌肉也開始繃緊。但所有的動作都破壞了打球的流暢感，之後揮拍僅止於高了幾英吋而已。有耐心的教練常見的回應是：「有進步了，桃樂絲。但放鬆心情，也不要太賣力！」這建議聽來不錯，但桃樂絲不了解如何在努

力正確擊球的同時「放鬆心情」。

　　為什麼桃樂絲（或者是我或你）想要達成不是很難的體能動作時，都會讓肌肉莫名且突兀的緊繃呢？教練指導以及完成揮拍之間，學生腦海盤旋著哪些想法？這個關鍵問題的答案，在上完桃樂絲的課後，突然出現一道曙光，帶給我絕無僅有的見解。「她想太多了！她努力照我的吩咐揮拍，而沒有把焦點放在球上。」此後我發誓減少口頭指導的量。

　　下一節課是保羅，他是從未拿過球拍的初學者。我決定盡量用最少的說明教他打球，讓他頭腦清醒，看看會有怎樣的差別。因此，我告訴保羅我想試試新的教學法。我略過平常會做的完整說明，不再向初學者教授正確的握拍法，以及基礎正拍的擊球和站姿。我就自己打了十次正拍，然後要他仔細看。我希望他不要多想我正在做什麼，而是簡單地留下一個正拍的視覺印象。他在腦子裏反覆建立影像，讓身體去模仿。我打了十次正拍後，保羅想像著學我的方式打球。接著我把球拍放到他手中，調整到正確的握拍方式，他對我說：「我注意到你做的第一件事情是移動你的腳。」我沉吟了一下，請他盡量讓身體模仿我的方法打正拍。他丟下網球、完美的拉拍、向前揮拍、球拍置於水平位置，以自然的流暢律動，在及肩的高度結束揮拍，第一次打球，太完美

了！但等等，他的雙腿沒有從假設要收拍的完美準備位置移動過一絲一毫。雙腿釘死在那裏。我指著他的雙腿，保羅說：「噢，我忘記腿了！」保羅努力想記得的其中一個擊球要素，他居然忘了做！但是其他的所有事情，我沒說一個字，也沒教他，他就吸收了，而且完美地再現出來！

我開始學習所有好的網球教練和學生必須學習的事：影像比言語好、示範比指導好、說太多往往比不說更糟糕，以及嘗試去做些什麼常常帶來負面結果。有一個問題困擾著我：嘗試有什麼不好？太賣力（trying too hard）又是什麼意思？

在不經意之間打球

想想球員處於所謂「狀況火燙」或「忘我境界」的心理狀態。他正在想如何打每一顆球嗎？他有在想什麼事情嗎？請看看這些句子，它們最常用來形容表現高峰的球員：「他真的是瘋了」、「不可思議」、「他彷彿無意識一樣」、「他不知道他做了什麼事」。這些描述的共同點是：某個部分的腦子已經沒那麼活躍了。我們會用類似的說詞來形容大部分運動項目的運動員，而頂尖運動員知道，他們的最佳表現是在

沒有在思考時發生的。

　　當然，無意識打球不表示要在失去意識的情況下打球。兩者之間大不相同！事實上，「無意識」指的是更注意到球、球場，以及在必要情況下，他／她的對手。但他很清楚意識到不要給自己太多的指示、想要怎樣打到球、如何修正已犯下的錯誤，或如何重複他剛才所做的事。他有意識，但沒有在思考，至少沒有**過度嘗試**。處於此狀態的球員知道，他想要球落點在何處，但無須「太賣力」把球打到那個地方。這件事就這樣發生了──而且正確度往往比自己想要做到的還來得好。球員看似已竭盡全力，完全融入一連串動作中，但卻產生更強大的動能，而且目標更精準。他通常會「連續得分」，直到他開始思考此事，並努力維持表現。只要他企圖控制局面，他就輸了。

　　如果你不介意做些小動作的話，要測試這個理論很簡單。下次你的對手連續得分時，不妨在交換場地時跟他說：「嘿，喬治，你做了些什麼，今天正拍打那麼好？」如果他上鉤（95%的球員會上鉤）並開始想自己是如何揮拍，告訴你他最近是怎樣在前方擊球、穩定手腕，並更能跟進擊球，他的「氣勢」難免就會終結。當他試著重現剛才告訴你的美好動作時，他將喪失時機和節奏感。

　　但人們可以學習打球時刻意「無意識」嗎？你如何有意識地保持無意識呢？字面看起來這個概念自相矛盾，但實際上是可以達成的。也許形容球員處於「無意識」狀態更好的說法是：他十分集中、十分專注，因此能夠十分平靜。他的身心合一，他啟動了所有無意識或自動功能，以致於不受到思維干擾。在聚精會神的狀況下，他沒有任何空間去思考為什麼身體會有如此良好的表現，更不可能想自己是怎麼做到的。處於此狀態的球員，你就不大能干預他完全發揮表現、學習和樂在打球的潛力。

　　內心比賽，就是要培養達成這個狀態的能力。我們需要培養內心技巧，但值得注意的有趣事實是：學打網球的同時，你開始學習如何集中注意力、如何信任自己，而且也學會比打出強勁反手拍更寶貴得多的道理。反手拍只能在網球場上發揮作用，但毫不費力地發揮專注力，卻是你畢生彌足珍貴的學習，能實現你所有的夢想。

第二章

「兩個自我」

　　當我試著探索「放鬆而專注」的藝術之時，某天教課時出現了重大突破。我再次開始注意到眼前發生的事。聽聽球員在球場上如何和自己對話：「加油，湯姆，打中你前方的球。」

　　我們對球員腦海中發生的事感興趣。到底是誰在跟誰說話？大部分球員在球場上一直都在自言自語。球員不斷發出這樣的指令：「上去接球！」、「打到他的反手拍位置」、「緊盯著球」、「曲膝」。對一部分球員來說，這就像腦子裏重複播放上次上課的錄音帶一樣。擊球後，腦子裏接著閃出其他想法，可能是：「笨蛋，你阿嬤打得都比你好！」某天，我問自己一個重要的問題——誰在跟誰說話？誰在罵人？又是誰被罵？大部分的人會說：「我是在跟自己說話。」但誰是那個「我」？而「自己」又是誰呢？

　　很明顯，「我」和「自己」是不同的個體，否則就不能對話，因此你可以說，每位球員的內心，都住著兩個「自我」。先有一個「我」作出指示，然後另一個「自己」就展開行動。接著那個「我」就評估「自己」的行動做得好不好。為了更清楚明瞭，我們稱呼「指示者」為自我1（Self 1），「行動者」為自我2（Self 2）。

現在我們有了「內心比賽」的第一個重要假設：在每位球員的心中，都存在「自我1」和「自我2」之間的關係，這層關係是決定每個球員能否將其對於技巧的了解，轉化為有效行動的重要因素。換句話說，把網球打得更好，或把任何事做得更好的關鍵在於：如何改善具有意識的指示者（自我1），和具有天生能力的行動者（自我2）之間的關係。

自我1和自我2之間的典型關係

現在，想像一下，自我1（指示者），以及自我2（行動者）其實是兩個人。目睹兩人之間的對話後，你會如何說明兩人的關係裏有什麼特色呢？有個球員在球場上試著揮拍揮得更好，他發號施令：「好了，你啊，要穩住你的軟弱手腕。」接著當球從網子另一方飛過來的時候，自我1提醒自我2：「穩住手腕！穩住手腕！穩住手腕！」只是單向的發號施令嗎？想想自我2會怎樣想！看起來自我1似乎是認為自我2沒聽清楚、記性不好，或者是愚蠢。事實當然是：自我2擁有無意識的心靈以及神經系統，它聽得清楚所有的話，不會忘記任何事，而且也絕對不是笨蛋。擊出漂亮的一球後，自我2永遠都知道要收縮哪些肌肉，才能再度擊球。這是它的天性。

　　然而，在擊球的時候發生了什麼事呢？如果你近距離觀察球員的臉，你會發現他臉頰肌肉緊縮、噘著嘴，努力想要讓自己集中注意力。但我們無須收縮臉部肌肉就能打出反手拍，而且這樣做也不能讓人集中注意力。是誰啟動這樣的動作呢？當然是自我 1。但理由是什麼？它應該是指示者，而不是行動者，但看起來它不相信自我 2 會做得好，否則他就不用親自出馬了。這是問題的癥結點：自我 1 不信任自我 2，即使自我 2 早已培養出擊球所需的所有潛力，而且顯然比自我 1 更有能力控制肌肉系統。

　　再回到我們的球員身上。他的肌肉因過度用力而緊繃、擊球點良好、但因為稍微輕彈手腕，就把球打到後面的圍牆去了。自我 1 批評：「沒用的傢伙，你根本沒學好怎麼打反手拍。」自我 1 過度思考和賣力，以致身體變得緊張、肌肉也緊繃起來。它應該對出錯負責，卻歸咎於自我 2，然後因不斷的責罵，讓後者喪失自信。球員因此揮拍的表現越來越差，沮喪感油然而生。

「賣力」：值得質疑的美德

　　父母不是從小就教導我們，做任何事都要竭盡全力，否

則一輩子都沒出息嗎？我們觀察到某人太賣力打球，那是什麼意思？是說適中的賣力就好了嗎？現在我們有了兩個自我的概念，請看看以下說明，你是否能解釋這看似自相矛盾的論調？

　　某天當我正在思考這些事情時，一位非常開朗、有吸引力的家庭主婦瓊安來找我，她說她上了一堂網球課之後，真想放棄打網球。她非常氣餒，因為：「我的四肢完全不協調。但我很想把網球學好，可以和我先生打男女雙打，而不是只是一個掠在旁邊的老婆。」我問她問題出在哪裏，她回答：「我無法正確地打到球。每次都是打到球拍的框上。」

　　我說：「我們來看看，」手就伸到我的網球藍子去了。我打出十個腰部附近的正手拍給她接，距離近到她無須走動接球。結果，十顆球中有八顆球，她是直接打到球框，或是打到拍面與球框的接點。這讓我感到很奇怪，但她揮拍揮得不錯。她完全沒有誇大其詞。我猜想是不是她的視力有問題，但她一再保證她視力完全沒有問題。

　　因此我告訴瓊安先來做幾次實驗。首先我要求她竭力用球拍的中央打到球。我猜這樣做可能造成更糟糕的結果，如此一來就能證明我「太賣力」的論調是對的。但是，新理論

往往不那麼容易成功；此外，要用窄窄的球框打到十顆球中的八顆球，畢竟需要大量的天分。這一次，她只有六顆球是打到球框。接下來，我要求她用球框擊球。這次她只打到四顆球，另外六顆球的觸點良好。她有點訝異，但又乘機打擊自己的自我2，她說：「啊，我想要做什麼都做不好！」但是她的經驗已經接近一個重要的真理：她學打球的方法有問題。

因此打下一組球之前，我要求瓊安：「這次妳專心看著網球上的接縫。不要想和球接觸。實際上，完全不要嘗試打到球。妳只要隨意地揮拍碰到球就好，我們看看會怎樣。」瓊安看起來更輕鬆了，接著在十顆球中，有九顆是用球拍的中央打到的。只有最後一球是打到框子。我問她打最後一顆球時，有沒有意識到腦袋裏的念頭。她輕快地回答：「當然有，我在想畢竟我還是可以打好網球的。」她說的沒錯。

瓊安開始體會到「賣力」和「努力」之間的差別。前者是來自自我1的動力，而後者則是自我2運用來自於自我1的動力，以完成必要的任務。在最後一組球中，自我1完全專注於觀看球的接縫，因此，自我2能夠在不受干擾的情況下做事，也證明自己做得還不錯。即使自我1開始肯定自我2的才華，讓兩邊合而為一的是瓊安。

打網球時，所謂的「合一」在心理上牽涉到幾項內在技巧：（1）學習如何針對你想要的成果，盡可能在心中建立清晰的圖像；（2）學習如何信任自我2能做出最佳表現，並且從成功和失敗中學習；以及（3）學習用「不批判」的態度觀察，也就是說，觀察正在發生的事，而不僅注意到做得有多好或多差。如此一來就能克服「太賣力打球」的問題。上述這些技巧都是主技巧的附屬品，缺乏這些技巧，你將無法達成彌足珍貴的成果，也就是「放鬆而專注的藝術」。

接下來我們以打網球為例，來探索如何學習這些技巧。

第三章

平息聒噪的自我 1

　　我們已經找到一個重點：自我1（自我意識）會不斷進行「思考」活動，而干擾到自我2天生的能力。當你的心可以平息下來，專心一意，兩個自我之間就能維持和諧。唯有在此情況下，我們才能達成顛峰表現。

　　若說網球員打球時「狀態良好」，就表示他沒有在思考如何、何時，甚至應該用球拍的哪個部位擊球。他沒有「努力」去打到球，而且在揮拍之後也沒去想他的擊球點是好或壞。看似他透過一連串無須思考的過程，就能打到球。他可能還留著打球時的視覺、聽覺以及觸感，且即使是在運用戰術的情況下，球員看似無須思考怎麼做，也知道要做些什麼。

　　且聽知名的禪學宗師鈴木大拙（D. T. Suzuki）如何平息聒噪的自我1。他在《箭術與禪心》（*Zen in the Art of Archery*）這本書的序言中，提到自我意識對於箭術的影響：

　　　　一旦我們開始反省，沉思，將事物觀念化之後，最原始的無意識便喪失了，思想開始介入。……箭已離弦，但不再直飛向目標，目標也不在原地。誤導的算計開始出現……

　　　　人類是會思考的生物，但是人類的偉大成就都是在沒有算計與思考的情況下產生的。必須恢復「童稚之

心」……

　　也許這就是為什麼人們說：偉大的詩作都是在沉靜中誕生。偉大的音樂和藝術作品都是源於無意識的寧靜深淵，且真正的愛之表述，也都是從字詞和思維的最深層應運而生。在運動比賽中要有絕佳表現，道理也是一樣：必須擁有靜如止水的心。

　　人本心理學家亞伯拉罕・馬斯洛（Abraham Maslow）博士稱這些時刻為「顛峰體驗」（peak experience）。他研究曾發生此等體驗者的共同特點，描述如下：「他感覺更一體」〔兩個自我合而為一〕、「在此經驗中融為一體」、「相對無我的狀態」〔平常心〕、「感覺處於能力的高峰」、「全面運作」、「擁有絕佳律動感」、「絲毫不費力」、「徹底清除障礙、壓抑、警戒、懼怕、疑慮、控制、保留、自我批判、約束」、「他創意如泉湧」、「活在當下」、「無為、無慾、無求……他就是他自己。」

　　回想自己表現最好的時刻，或顛峰體驗，你可能也有上述所說的感受。你也可能把它們視為最愉悅的一刻，甚至是狂喜。當你經歷這些時光時，你的心不會表現得像是一個獨立個體，告訴你該做什麼，或批評你的做法。它是平靜的；

兩個自我是「合而為一」的，而迸發的行動就如同河水一般流暢自如。

當顛峰體驗出現在網球場上，我們專注，但不用試著集中精神。我們自動自發，且保持警覺。我們內心肯定能達成需要做的事，而不需要「太賣力」。我們就是知道要做什麼動作；完成動作後，我們不覺得需要他人讚賞，而是感覺幸運、「恩典滿溢」。就如同鈴木大拙所說的，我們擁有「童稚之心」。

我想像到的畫面是：貓躡足捕鳥的平衡律動。牠提高警覺，卻毫不費力地蜷縮身軀、放鬆肌肉，只等著適當時機躍起。牠沒有想何時跳、或者是怎樣蹬後腿才能掌握正確的距離，而是保持沉靜的頭腦，完全專注在獵物身上。牠沒有想過捕獵的成功機率，或是錯失獵物的後果。牠的眼裏只有鳥。突然間鳥飛起，與此同時，貓縱身一躍。牠全盤的期待，終於讓牠在離地兩英呎的空中，捕獲自己的晚餐。整體來說，牠的動作完美無瑕，事後也不為自己的表現喝采，只是慣性行動後嘴巴裏叼著牠的獎賞：鳥。

在極罕見的時刻裏，網球員會出現豹一般不自覺的自發行動。這些時刻最常出現於球員在網前來回快速的截擊。球

的對擊快速且來勢洶洶，往往需要球員動作比思考更快。這是令人振奮的一刻，球員本人也會覺得驚訝，因為他們無從想像自己是如何救到那顆球的。他們移動之快速，自己都難以想像，而且根本沒時間作計畫。完美的一球就這樣發生了。球員心想自己是無法刻意揮出如此漂亮的一球，因此往往歸功於運氣。但如果這樣的狀況一再出現，他就會開始相信自己，培養出強烈的自信。

簡而言之，「合而為一」的表現，需要球員放慢思考。放慢思考指的是：把思想、算計、評斷、憂慮、恐懼、盼望、嘗試、懊惱、控制、不安和分心都減少一點。在球場上，我們的腦子是靜止的，當它「就在當下」，與行動者及其動作完美地合而為一。內心比賽，就是要讓這些時刻更常發生、持續更長時間，讓心漸漸地平靜下來，進而讓自己的學習和表現能力都能持續擴大。

在這個時候，問題來了：「我如何在網球場上讓自我1安靜下來？」此時，讀者不妨放下書本，做個實驗，看看自己能否停止思考，能夠不思考多久。一分鐘？十秒鐘？你會發現，我們幾乎不可能完全讓腦袋靜止。一個想法會勾起另一個想法、再到另一個想法。

對大部分人來說，讓心平靜下來是一個漸進的過程，需要學習幾項內心技巧。這些內心技巧是真正的藝術，可以教我們忘記從小時候就養成的心理習慣。

我們要學習的第一個技巧是：停止人類始終抱持的自我批判心態、停止論斷自己表現的好壞。停止批判是內心比賽的基本關鍵要素。到了本章的後半段，你將更能掌握它的意義。當我們忘記如何批判，就有可能以自發且專注的精神，上場比賽。

停止批判

你想要親眼目睹批判的過程是怎樣，只要觀察任何一場網球賽或網球課就可以了解。你盯著球員的臉，就能從他的表情看到他腦子裏的批判念頭。每次球打壞了，他就皺眉頭，每次打出特別好的球，自滿的表情油然而生。此外，你也可以從球員的嘴巴裏，聽到他的自我批判。至於實際上說了什麼，要看他對於自己表現的好惡而定。有時候更可以從他說話的語氣裏聽得出批判，而不是實際的字眼。視他的語氣而定，「你又在轉你的球拍了」這樣的一句話，可以說得像是在批評，或只是描述一件觀察到的事實。而命令句：

「盯住球」或「移動你的腳」，可能是在敦促自己的身體動作，或者是「輕視並譴責之前的表現」。

　　為了更深入了解何謂批判，不妨想像Ａ先生和Ｂ先生的單打比賽，而Ｃ先生則是裁判。Ａ先生在決勝局搶七時，在搶第一分時正要進行第二次發球。球打出界了。Ｃ先生高喊：「出界。雙發失誤。」Ａ先生看到球出界，聽到「雙發失誤」，就皺起眉頭，說了些貶損自己的話，還說發球「糟透了」。與此同時，Ｂ先生判斷這對於自己是「好球」，面露微笑。裁判不笑也不皺眉，只是說出自己所看到的結果。

　　這裏的重點是，球員們對於這一球所認定的「好」或「壞」，並非這一球的本質。那些只是他們各自依自己的反應，在腦海裏對於這一球所加諸的評價而已。實際上Ａ先生是在說：「我討厭這一球」，Ｂ先生則是說：「我喜歡這一球」。諷刺的是，作為裁判（帶有評判意味）的Ｃ先生，卻不判斷這一球是正面的還是負面的，而只是判斷球的落點，宣布它是否出界。如果這樣的球再出現個幾次，Ａ先生將會變得非常沮喪，而Ｂ先生將繼續感覺愉快，至於坐在俯瞰整個球場的裁判椅上的Ｃ先生，則是冷眼看著比賽進行。

　　我所謂的「批判」，就是將某一球或一場比賽貼上負面

或正面標籤的過程。實際上，你可以憑經驗說你有些球打得不錯，你很喜歡，或者有一些球打壞了，你不喜歡。你不喜歡看到自己打球沒過網，但是發出一個對手打不到的愛司球，你就認定是好的。因此，批判是個人的想法，也是自我對經驗中所看、所聽、所感受和所想的反應。

這些跟網球有什麼關係？初步的批判會引發一連串思考的過程。首先，球員會判斷自己打出了一個好球或壞球。如果他認為是壞球，他開始想為什麼會犯這樣的錯。接著他就告訴自己要怎樣修正。然後他會更盡力嘗試，也一邊教自己要怎麼做。最後他再次作出判斷。此刻，腦子裏充斥著想法，而身體卻因為不斷嘗試而變得緊繃。如果他認定自己打出好球，自我1就開始懷疑自己為什麼會打得那麼好，接著他又對身體作出指示，盡全力要求它重複這樣的過程。這兩種心理過程的結果都是越來越多的評斷，因此使得思考和自我意識的過程越拉越長。結果，球員的肌肉在需要鬆弛的時候緊繃起來，球打得突兀、不流暢，人變得越緊張，對自己的負面評價就可能越來越多。

自我1批評了幾球後，就會開始推而廣之。它不再只批評一球的表現：「這球反手拍又打壞了」，而是開始認為：「你打的反手拍真是糟透了。」它不再說：「你打這一球時很

緊張」，而是以偏概全的認為：「你是俱樂部裏最差的球員。」其他常見的概括性的自我批判包括：「我今天運氣不好」、「球越容易打，我就越容易把它打壞了」、「我的反應太慢」等等。

看看批判的思維如何延伸開來，是件有趣的事。也許它一開始會抱怨：「這顆發球真糟糕，」接著擴大為：「我今天的發球都很爛。」再打幾個「壞球」之後，批判可能進一步變成：「我發的球都很糟糕。」再來就是：「我是個差勁的網球員」，最後演變成：「我一無是處。」首先你的腦袋批評單一顆球的表現，接著把許多球組合起來，再認定整體的表現，最後批評自己。

最常發生的現象是：這些自我批判成了自我實現的預言。這是自我1對自我2看法的溝通過程，如果一再重複這樣夠多次之後，這樣的想法就會僵化，變成一種期望，甚至是對自我2的一種信念。接著自我2開始實現這些期望。如果你常跟自己說你是個糟糕的發球手，腦袋裏將出現類似的催眠過程。這就好像自我2被賦予了一個角色（糟糕的發球手），接著它就竭盡全力演好這個角色，殊不知這樣做正是在壓抑自己真正的能力。一旦批判的腦袋開始運作，並根據負面的想法形成自我認同，角色扮演的作用就會繼續隱藏自

我2的真正潛能，直到打破這個催眠魔法為止。簡單來說，你開始變成自己想像中的自我。

當反手拍打了好幾球都掛網之後，球員告訴自己他打的反拍「糟透了」，或至少今天的反拍表現「太差」。接著他就會求教於教練，就好像病人求醫一樣。他期望教練能幫他診斷有問題的反拍，並提出補救辦法。這一切都如此耳熟能詳。中國的傳統醫學講究養生，也就是病人即使身體健康也會求醫，希望醫生能幫助他們維持健康的狀態。其實你也可以這樣做，不帶任何自我批判，如實地向網球教練請教反拍的問題，這樣或許更健康一點。

當被要求放棄批評個人在球場上的表現時，批判的頭腦通常會斷然拒絕：「可是我沒法上場打反拍自己救自己，你希望我忽視自己的過錯，假裝自己球打得不錯嗎？」請認清一點：停止批判不表示忽略過錯，而是單純地如實看待這些比賽，不加上任何評斷。不評斷指的是例如：你觀察到某一局，你的第一發球有50%沒有過網。我們不忽視這個事實。因為這可能正確說明了你當天發球的確荒腔走板，必須找出表現失常的原因。一旦你開始在發球上貼了一個「差」的標籤，所有批評就此展開，如果進而心生怒氣、挫折或失落感，就會干擾到你的表現。相反來說，如果你停止評斷自己

比賽表現太差，也不會因此產生負面情緒，對比賽的干擾自然會減到最少。然而，批判的標籤通常會引起情緒反應，接著讓肌肉緊繃、打球過度賣力、最後貶低自己，等等。但事實上，你可以用不帶批評的敘述字眼，描述你感受到的比賽，進而減少發生上述的現象。

如果有抱持批判心態的球員找上我，我會盡量不相信這樣的說詞：他反拍打得太「糟糕」，或者他因為反拍太差而是個「糟糕」的球員。如果他把球打出界了，我將看到這球出界了，而且也可能知道打出界的原因。但我有必要批評他，或是說他的反拍太糟糕嗎？如果我這樣做，我很可能會在糾正他的姿勢時變得和他糾正自己姿勢時一樣緊張。批判會導致肌肉緊繃，進而干擾到擊球的流暢度，進而影響球員正確且快速的移動。如實接受你揮拍後的結果，會帶來放鬆的心境，以及順暢的揮拍，即使你打出多麼糟糕的球。

請看看以下的比喻，看你會不會想要批評這個過程。我們在土裏種玫瑰，注意到它的種籽很小，但不會因此批評它：「無根無莖。」我們為它澆水，給予種籽所需的養分。當它從土裏冒出頭來，我們不會侮蔑它不成熟、長得不好，或者是批評花苞沒有一開始就開花。反而是對花成長的過程感到驚喜，並在其成長的每個過程，都給予它所需的一切。

從種籽落地開始，到花兒凋謝的一剎那，玫瑰就是玫瑰。它時時刻刻、裏裏外外都擁有作為花兒的完整潛力。在成長過程中，它看似不斷變化，然而在其生命的每個階段、每一刻，都如造物主所造的完美無損。

同樣的，我們犯的錯，也是成長過程中的重要部分。在這個過程裏，我們從錯誤中吸收到許多心得。即使是打球的低潮期，也是過程的一部分。它們並非「糟糕」的比賽，但若是我們聲稱、認定自己打得糟透了，它們似乎就會不斷延伸、蔓延開來。就像好的園丁知道泥土何時需要酸和鹼，能幹的網球教練應該能幫助你度過這一切。通常需要做的第一件事情是：處理抑制或阻礙你先天發展過程的負面想法。無論是教練或球員，這個過程就是從「看到並接受當下這個揮拍及其結果」開始。

啟動過程的第一步是如實地看待你的揮拍。你必須很清楚地去感覺它。唯有不帶任何個人批判，你才能做到這一點。只要能清楚地觀察每次揮拍，並接受其結果，才會展開天賦的急遽改變。

以下真人真事的例子說明，如何釋放揮拍的天賦。

探索天賦的學習過程

1971 年夏季的某天，我在加州卡梅爾谷（Carmel Valley）的約翰加德納（John Gardiner's）網球場教一群男士打球，其中一位商人恍然大悟，發現當他打反拍時把球拍落在網球水平位置以下時，擊球的力道和控制能力增加不少。他對「全新」的揮拍法感到異常興奮，連忙跑去找朋友傑克分享這項新技巧，彷彿奇蹟發生了似的。另一方面，傑克認為自己的反拍是他一生中幾個最重要的問題之一，午餐時間就興沖沖跑來找我。「我反拍一向打得很糟糕，也許你能幫得到我。」

我問他：「你的反手拍怎麼個糟法？」

「我反拍的拉拍拉得太高。」

「你怎麼知道的呢？」

「因為至少有五位教練這樣告訴我。但我就是沒辦法糾正這個問題。」

我一瞬間感受到狀況有多麼的荒謬。這位掌管大型企業、每天需要面對許多複雜人事物的商人，居然要求我幫助

他，就如同他自己無法控制自己的右手臂一樣。我不懂他怎麼可能做不到，於是簡單地回答：「當然，我可以幫你啊。就─把─拍─子─拉─低─－－點！」

但類似傑克的抱怨，在各種領域的專業人士身上很常見。而且，顯然至少有五位教練都曾叫他拉低球拍，效果卻不彰。我不禁懷疑，什麼因素讓他做不到這事呢？

我請傑克在我們站立的露台揮拍幾次。他拉拍時拉得很低，但向前揮拍的當下，他把球拍提高到肩膀的高度，然後再向下揮向想像中的球。五位教練都說對了。我沒有作出任何評語，只請他再揮拍幾次。「這樣有比較好嗎？」「我已經盡量拉低拍子了。」但每次向前揮拍前，他都會拉高球拍。很明顯，如果他打到真實的球，朝下擺動的下旋力會讓球飛出界外。

我篤定地對他說：「你的反拍沒有問題。你只是正在調整打法。不如你自己仔細看看。」我們走到一道大玻璃窗前，請他揮拍，同時觀察鏡面反射出的自己。他還是照著慣用的方法揮拍，但這次他嚇了一跳。「我真的有拉高球拍！還拉到比肩膀高！」他說話不帶批判口吻，只是平鋪直敘眼中所見，外加驚訝的語調。

　　我感到奇怪的是傑克的驚訝。不是五位教練都說了，他把球拍都拉得太高了嗎？很肯定的是，他第一次揮拍後教練跟他說相同的話，他一定會回答：「沒錯，我知道。」但顯然，他並不是真的知道。沒有人會看到已知的事實後而感到驚訝的。儘管上了這麼多的課，他從未真正體會到自己拉拍太高的事實。他的腦子一味在自我批判，企圖改變這「糟糕」的擊球，因而他從未真正去感受自己的擊球。

　　最後，傑克再看玻璃反射的擊球姿勢，毫不費力就能放低球拍，漂亮揮拍。他宣稱：「這是我從未體驗過的反拍體驗！」現在他一再反覆練習向上揮拍的感覺。有趣的是，他沒有慶賀自己做對了，只是單純陶醉在正確的反拍帶來的不同感受中。

　　午餐後，我又丟了幾顆球給傑克，他記住了揮拍的感覺，重複動作。這次他只感受自己球拍的位置和動向，讓感覺取代鏡面反射的視覺形象。對他來說，這是一個新體驗。不久後，他就能持續地在球場上輕鬆打出上旋反拍，就如同天生好手一樣。在十分鐘內，他覺得自己表現「出色」，並停下腳步，表達他的感激之情。「我難以形容我有多感謝你教我的一切。我在十分鐘內從你身上學到的反拍，比我上了二十小時的課還來得又多又好。」我感覺到內心一邊吸收這

些「美好的」說詞，一邊在翻騰著。同時，我不太知道如何面對這樣高調的讚美，只能不斷喃喃自語，試圖說些恰當又謙虛的回答。突然間我腦子空白一片，恍然大悟自己其實從來不曾提點傑克如何打反拍！「但我教了你什麼呢？」我問他。他半分鐘說不出一句話，努力回想我曾告訴他的話。到了最後，他說：「我不記得你曾告訴我什麼了！你只是站著看，也叫我比過去更仔細地觀察自己。我反而沒在看自己的反拍出了什麼問題，而只是去觀察，進步就這樣自然而然發生了。我不確定為什麼會這樣，但肯定是在短時間內學到了很多。」他學到了，但有被「教導」嗎？這真是個耐人尋味的問題。

我無法形容那當下我有多麼愉快，也不知道為什麼我會如此快樂。我甚至熱淚盈眶。我和他都上了一課，但應該把功勞歸於誰呢？可以說瞬間靈光一閃，發現我們同時置身於天賦學習的美好過程中。

事實上，釋放傑克全新反拍潛力的關鍵要素，早已在他體內蓄勢待發，只要他不再嘗試改變反拍，而是單純的觀察就做到了。首先，他在鏡中直接體悟到自己的反拍。他在不思考、不分析的情況下，意識到特定部分的揮拍。腦子不思考或批判時，它就是平靜如鏡。唯有在這個境界，我們才能

看到事物的真實面貌。

體悟真相

　　打網球有兩件事很重要。首先是球在哪裏。第二是你的拍頭（racket head）的位置。每位初學網球的人都會被教導，盯緊球的重要性。過程非常簡單：只要看著球，就知道球在哪裏。你無須思考：「球飛過來了，它從網上約一英呎的地方，來得又急又快。它應會在靠近底線的地方彈起，我最好在它彈起時打到它。」不，你只要單純看著球，讓身體自然產生適當的動作。

　　同理，你也不用去考慮你的拍頭應該在哪裏，但你應該體認：隨時意識到你拍頭的位置，這點非常重要。你不可能去看球拍來確認它的位置，因為你正看著球。你必須去感覺它。感覺會告訴你它在哪裏。知道你的拍頭應該在哪裏，並不等於你感覺到它在哪裏。你知道自己沒有做好正確的揮拍動作，也不代表你真正知道（感覺到）球拍的位置。你感覺到了它在哪裏，就等於知道它在哪裏。

　　無論學生上課時向我抱怨些什麼，我發現最棒的第一步是鼓勵他去看和感受自己做了些什麼。也就是說，提升他對

事實的覺察。我自己把球打糟的時候，也會遵循相同的過程。但要只看事情的真相，我們必須摘下有色眼鏡，無論你的鏡片是黑色還是玫瑰色。這個行動會釋放一個美麗又讓人目眩神迷的天賦發展過程。

　　舉例來說：假設一個球員抱怨他打正手拍的時機都抓得不對。我不會分析他做錯的地方，然後再指導他：「早點收拍，」或者是：「你要跑得更前面一點去打。」我也許只會要求他注意球彈到他這一邊後，你的拍頭的位置。由於這並非常見的指導，球員也許從未被告知於特定時刻，球拍應或不應該在特定位置的任何事情。如果他啟動了批判頭腦，他很可能會對我的指示感到有點緊張，因為自我 1 喜歡把事情都做「對」。萬一他對某個行動的對錯無從判斷，他就會變得緊張。因此，球員幾乎立刻會問：「球彈起時，球拍應該在何處？」但我不回答，只是要求他觀察當時自己球拍的位置。

　　他打了幾球後，我請他告訴我他球拍的位置。常聽到的回答都是：「我收拍收得太晚。我知道自己做錯了，但我就是沒辦法做對。」幾乎任何運動項目的運動員都會這樣回答，這也是許多人感到沮喪的主要原因。

　　我的建議是：「先暫時忘記對錯的事，只去觀察球彈起那

一剎那你的球拍在哪裏。」我發了五到十個球給球員打之後，他很可能會回答：「我打得比較好了，我能提早收拍了。」

我問他：「沒錯，那你的球拍在哪呢？」

「我不知道耶，但我猜我能及時收拍了。是嗎？」

少了對錯的標準，批判的頭腦開始感到不自在，因此又自行設定標準。與此同時，他也不再注意剛才的球拍位置問題，而是在於如何把事情做對的過程。即使他也許已提早收拍，進而更能確實打到球了，他還是不清楚自己球拍的位置。（如果球員永遠都處於這個狀態，卻覺得自己已發現了解決問題的「祕密」──也就是提早收拍──他可能會一時感到欣慰。他將熱切打球，每次打正拍時都告訴自己「提早收拍、提早收拍、提早收拍……」這四個字很神奇，似乎能暫時產生「不錯」的結果。但過一陣子之後，儘管他不斷提醒自己，卻又會開始打不到球，又開始想自己到底做「錯」了什麼，接下來又只能去找教練了。）

我沒有阻止球員正向地評斷調整自己打球的過程，反而又一次請他觀察自己的球拍，確切指出球彈起時球拍到底在哪裏。這次他終於能客觀且興緻勃勃的觀察球拍了。他能感受到自己真的在做什麼，自我覺察（self-awareness）也隨著

增加。我無須費力修正他的打法，他發現了自己的揮拍開始
發展出自然的律動。事實上，這將是他個人的最佳律動，但
可能和千篇一律的所謂「正確」標準略有不同。接下來當他
上場比賽時，他不必重複任何神奇的字詞，而是不假思索，
專心打球。

　　我想要說明的是：每個人天生存在著學習過程，但你必
須懂得釋放此一天賦。這個過程正等待著尚不知其存在的人
去探索和了解。你不用全盤採納我的說法。如果你還沒有發
現它的存在，唯有身體力行，它在召喚著你。如果你還沒有
體驗到這個過程，要去相信它（這將是第4章的主題）。欲
探索此天賦學習過程，你必須放棄修正錯誤的老舊過程。換
句話說，你必須放棄批判的頭腦，看清楚將發生怎樣的變
化。你能不能在不自我批評的平常心下，培養出不錯的球技
呢？不妨測試一下我的教法吧。

正向思考又如何呢？

　　結束批判的頭腦這個主題前，我必須談談所謂的「正向
思考」（positive thinking）。這些日子以來我們常常討論負面
思考所帶來的「不良」影響。市面上有許多書籍文章都建議

讀者要用正向思考來取代負面想法。我們也常聽到許多建議，鼓勵我們不要說自己長得不好看、做事亂七八糟、不快樂……諸如此類的，而是一再說自己有吸引力、做事有條不紊，以及快樂，用一種「正向的催眠方法」來取代過去「負面的催眠習慣」。這樣做也許看似至少能帶來短暫的好處，但我發現，這樣做的蜜月期通常太短暫。

我當教練先學到的許多教訓之一是：不要挑剔學生或他們揮拍的毛病，而我也因此不再批評，反而是盡可能稱讚學生，並在修正他的揮拍時提出正面的建議。不久之後，當我某天正在教一群女士步法時，突然發現自己變得不再讚美學生了。

那天，我先談了一些自我批判的問題後，其中一位學生克萊兒就問我：「我了解負面想法是不可取的，但讚美自己能讓自己表現得更好嗎？正向思考又如何呢？」我的回答有點模糊：「嗯……我覺得正向思考不會像負面思考那樣帶來惡果。」但是在那一堂課上，我對這個問題有了新的體會。

一開始上課時，我告訴她們，我會分別向每人投六顆球，請她們打正拍，而且只要他們留意自己的腳步就好。「注意自己的腳是如何移到打球的位置，以及打到球之後，

左右腳是否有轉換重心。」我告訴她們不要想自己有沒有做對或做錯，只要全神專注於自己的腳步。我丟球給她們時，我沒有作出任何評論。我專注於看清眼前的事，但沒有表達任何正面或負面的評斷。同樣的，女士們也很安靜，只彼此觀看，沒有提出評語。她們看似沉浸在體驗腳步移動的簡單過程中。

連續打了三十顆球後，我發現沒有球打到網子，它們都落在我這邊的斜線區。我說：「大家看，所有球都打到這邊的角落上，沒有球掛網。」儘管在語意上，我只平鋪直敘觀察所得的事實，但我的語氣是樂於所見的。我稱讚她們，也間接稱讚身為她們教練的自己。

出乎意料的是，下一位要擊球的女士說話了：「啊，你就在輪到我要打球之前這樣說了！」雖然她只是半開玩笑地說著，我看得出她有點緊張了。我重複之前曾提過的相同指導，在不表達任何意見下又打了三十顆球。這次女士們皺眉頭的次數增多了，而步伐看似比之前更突兀。打了三十顆球之後，有八顆沒過網，打到我後方的球也非常分散。

我心裏責怪自己濫用了這讚美的魔法。突然間剛剛問我正向思考的克萊兒大叫：「啊！是我誤了大家的學習！我是

第一個沒把球打過網的，而且我還打了四顆。」我和其他人都覺得非常奇怪，因為她說的並非事實。是另一人先打球觸網，而且克萊兒只有兩顆球沒過網而已。她批判的頭腦扭曲了自己的看法，以及事情的真相。

　　接著我問女士們打第二輪球時，有沒有什麼想法產生。她們分別表示減少意識到步伐，反而更注意如何避免球沒過網。她們希望滿足一個期望，也就是她們認為已加諸於她們身上的對錯標準。這是一個打第一輪球時不存在的標準。我發現我的稱讚引發了她們批判的頭腦。產生自我意識的自我1開始行動了。

　　這次的經驗讓我開始了解自我1如何運作。這個複雜的自我意識經常尋求肯定、規避他人的責難，以及認為他人的稱讚是潛在的批評。它會這樣理解：「如果教練滿意某一種表現，你作出相反的表現時，他就會不高興。如果他喜歡我表現良好，我做得不好時，他就會不喜歡我。」如此這般，我們就制定了好壞的標準，而難以避免的結果是注意力分散，以及自我開始干預。

　　女士們同時開始發現，她們第三輪擊球時會感到緊張的原因。突然間，克萊兒好像打開了一顆1000瓦特的燈泡。

「我明白了！」她一邊大叫，一邊用手拍打前額，並表示：「我的讚美其實是美化了的批評。我運用這兩種方法來操縱行為。」她跑出球場，說要告訴她先生自己的新發現。很明顯的，她發現了自己在球場上自我對待的方法，以及與家人關係之間的關聯。因為一小時後，我仍看到她還在和丈夫進行密切的對話。

很明顯，正面和負面的評估是相對而言的。沒有看到其他比賽是正面或負面時，我們不可能評斷某場比賽是正面的。我們不可能阻止批判過程的負面評論。但如果要如實地看待自己的揮拍，你不需要在揮拍的當下就判斷是做得好或不好。同理，你也要這樣看待你揮拍的結果。你可以注意到你把界外球打得有多遠，卻無須在它上面貼一個「壞球」標籤。不批判不代表你逃避現實。不批判代表你客觀地面對眼前事實，不增不減任何東西。就是發生了這些事──不歪曲事實、不加油添醋。這樣做，頭腦會變得更冷靜。

自我1抗議了：「可是如果我看到我的球出界，又不把它說是壞球，我就沒有什麼動力來改變它了。如果我不討厭自己做錯，我又怎能糾正錯誤呢？」代表自我意識的自我1希望負起責任，把事情做得「更好」。它想要把個人的成就全都歸功於它自己。如果事情進行得不順利，它也會非常擔

心而受傷。

接下來第4章將說明另一個真相：由自發且合理的行動所驅動的過程，當中不存在追逐正面狀況及改變負面狀況的自我意識。但在本章結束之前，請閱讀以下這個看似簡單，卻意義深遠的故事。這個故事是我十分敬重的朋友比爾告訴我的。

某個清晨，三位男士同坐一輛車走在市區的街道上。我們姑且比喻他們是三種不同類型的網球員。坐在右邊的是正面思考者，他相信自己球打得很棒，也因為球技高超而培養出極高的自尊心。他也自認自己是花花公子，樂於享受人生所有的「美好享樂」。坐在中間的是負面思考者，經常分析自己和世界出了什麼差錯。他經常參加特定類型的自我改善課程。第三位男士正在開車，他正在學習如何停止批判。他正在打一場「內心比賽」，以平常心看待所有事物，以及只做看似合理的事。

車子停在紅燈前，一位年輕貌美的女士過馬路，立即吸引三位男士的目光。她的美特別引人注目，因為她一絲不掛！

右手邊的男士開始想像，如果在不同的情況下遇到她，

那該有多好。他的腦海充斥著過往的回憶，以及對未來感官享受的幻想。

坐在中間的男士認為這正是現代道德淪喪的案例。他不確定自己該不該盯著看這女孩。他心想：先是迷你裙、再來是上空舞者、全裸舞者，現在居然看到有人大白天不穿衣服在街上走來走去！是時候採取些什麼行動，阻止世界這樣的改變！

駕駛者只是看著其他兩位男士正在觀察的同一位女性。他沒有對眼前的人作出好或壞的評斷，因此也突然發現兩位夥伴都沒看到的細節：女孩的眼睛是閉起來的。他發現女孩正在夢遊。他立即用常識來回應事件：請坐在副駕駛座的人坐他的位子，自己走下車，把外套蓋在女孩的肩上。他輕輕地喚醒她，向她解釋她一定是在夢遊，並提議送她回家。

我朋友比爾俏皮的眨眼結束這個故事：「他因為這樣的義行而享受到極大的獎賞。」聽故事的人最後都在想到底是怎樣的結局。

內心比賽需要培養的第一項技能是不批判的意識。一旦學會「不再批判」，我們通常會驚訝地發現，其實我們不需要改革者的激勵，就能改變自己的「壞」習慣。我們也許只

需要提高覺察能力。還有一個更自然而然的學習和表現的過程，等待我們去探索。它正等待著時機，展現它在不受到批判頭腦有意識的干預下，能發揮多大的潛力。下一章將談到如何探索和依賴此過程。

　　但首先，我們要來看看我們學到了什麼。重點是要記得，並非所有的評論都帶有批判色彩。肯定自己或他人的優點、努力、讚美等等，能助長天賦的學習過程，但是批判卻會干預此過程。兩者之間有何差別呢？肯定與尊重自己的能力，是對自我2的信任。另一方面，自我1的批判卻企圖操縱和削弱這份信任關係。

第四章

相信自我2

　　上一章談到，創造自我與身體（也就是自我 1 和自我 2）之間和諧關係的第一步：停止自我批判。唯有自我 1 停止批判自我 2 和其行動，才能真正認清自我 2 的本質，並欣賞自我 2 的運作過程。做到這一步就能產生信任感，最後浮現一切頂尖表現最基本又難以捉摸的要素：自信。

自我 2 是誰，他到底在做些什麼？

　　無論你認為自己身體很笨拙、不協調、平凡無奇或很厲害，先暫且拋開你對身體的評價，並想想他能做什麼。當你在閱讀這本書的時候，你的身體其實正展現非凡的協調性，你的眼睛輕鬆轉動，看到的黑白形象便自動與記憶中的類似標記進行比較，再轉化為符號，然後與其他符號連接而形成有意義的印象。每隔幾秒鐘，身體就進行數千個類似的運動。同時，在無意識的情況下，你的心臟不停跳動、呼吸，讓精彩而複雜的器官、腺體和肌肉系統保持暢通運作。而且在毫不費力的情況下，幾億個細胞正在發揮效用，不斷重生再造、擊退疾病。

　　若你走向椅子，開燈準備閱讀，你的身體自然地協調大量肌肉去完成這個動作。自我 1 不需要告訴你的身體還有多

少距離，手指才能碰到電燈開關，因為你早已知道目標是什麼，而且身體可以不加思索地做出所需動作。身體學習和表現這些動作的過程，與身體學打網球的過程如出一轍。

這從自我 2 接球過程中一連串複雜的動作可見一斑。為了預知腳的動作和去向，以及決定要用正拍或是反拍接球，大腦必須在對手發球時，球離開球拍的瞬間計算出球的落點和球拍可能的接球點。要進入這種計算程序必須先計算球的速度，並同時考慮前進的遞減速度，以及風和球旋轉所帶來的影響，當然還要考慮複雜的發球路徑。然後，球落地後必須重新計算這些因素，以便預測球拍與球的接觸點，然後也要同步對肌肉發出不止一次指令。我們更需要不斷按照更新的資料，微調這些指令。最後，肌肉會互相配合著作出反應：移動腳步、以一定的速度和高度拉回球拍、拍面維持在某個角度，球拍和身體協調地向前移動。根據指令，看是要沿著邊線打直線球，或是打對角線，身體再找出準確的接球點。但必須等大腦瞬間分析完對面對手的動作和平衡狀況後，才能下達指令。

假如你的對手是山普拉斯（Pete Sampras），你只有半秒的時間完成所有計算。即使你面對的是普通球員，你也只有大約一秒的時間作出反應。光是打到球就已經是了不起的壯

舉，能夠穩健和準確接球更是驚人成就。這些動作看起來似乎很平常，但實際上每個人的身體都是一台卓越的儀器。

有鑑於此，用貶低的字眼形容身體其實並不妥當。自我 2 是指物理上的身體，包括：大腦、記憶庫（有意識和無意識）和神經系統，是一系列異常精湛卓越的潛能。他與生俱來蘊藏著驚人的內在智慧。但他不知道這種內在智慧的學習方式如同兒童學東西一般輕鬆容易。每個動作他都用了幾十億個細胞和神經傳輸電路。目前沒有一部電腦能夠做出像初級網球員的複雜身體動作，更遑論專業球員。

上述說明只有一個目的，就是要鼓勵讀者尊重自我 2。但這套驚人的儀器卻往往被我們貶低為「不協調」。透過反省自我 2 所有動作蘊藏的智慧，我們將慢慢改變傲慢的態度和懷疑。這樣一來，可以化解不必要、卻不經意充斥在不專注思想裏的自我指導、批評，以及過度的操控。

相信自己

一旦自我 1 對於自我 2 的能力太無知或太驕傲，就難以體現真正的自信。自我 1 對自我 2 的懷疑，對雙方都會造成干擾。過度的自我指導會導致「過分努力」的現象，先是讓你

過度使用肌肉，其次會造成精神干擾和難以專注。顯而易見，自我之間的新關係必須建基於「相信自己」這句古老格言。

　　在網球場上，「相信自己」到底是什麼意思？它不是指正面思考，例如：期望自己每次發球都打出愛司球。在網球場上，相信你的身體指的是：放任身體去打球。重點是放任——相信自己身體和大腦的能力，放任他們揮動球拍，自我1不參與其中。雖然這看起來非常簡單，但並不容易做到。

　　在某些方面，自我1和自我2的關係就像父母與孩子的關係。有些父母很難放任孩子去做他們自認為很懂的事。但那些對人信任和慈愛的父母，就會任由孩子自我表現，就算犯錯也沒關係，因為他們相信孩子會從中學習教訓。

　　讓事情發生不代表**驅使它發生**。它不要努力去做，也不需要去控制擊球的方式，這些都是自我1因為不相信自我2而自行掌控一切的動作，這樣做會造成肌肉緊張、僵硬的揮拍、不自然的動作、咬牙切齒和下巴肌肉緊繃，最終的結果是擊球錯誤、心情掉至谷底。通常在打回合球（rally，雙方連續來回對打）的過程中，我們會相信自己的身體並讓它自由發揮，因為自我意識告訴自己這個不算什麼。但一旦球賽開始，自我1就變成主導，在關鍵時刻立即懷疑自我2能否

勝任。越是在重要關頭，自我 1 就越想操控擊球，這正是身體緊繃的由來，也往往帶來讓人沮喪的結果。

讓我們仔細探討這種緊繃的過程，因為這是各項運動的運動員都會發生的現象。從解剖學來看，肌肉是雙向結構。也就是說，肌肉不是放鬆就是收縮。它不可以部分收縮，就正如電燈按鈕不可以部分關閉一樣。掌握球拍的力道鬆緊，其差別在於收縮肌肉的數量。發球需要多少條肌肉和哪些肌肉？沒有人知道，但如果人的意識認為自己知道並試圖控制這些肌肉，那就必然會用上不必要的肌肉。使用超乎所需的肌肉不止浪費體力，而且已緊繃的肌肉更會妨礙到其他肌肉的放鬆。一味想著必須運用很多肌肉去用力擊球，自我 1 就會使用肩膀、前臂、手腕，甚至臉部肌肉，事實上反而阻礙了揮拍的力道。

如果你手邊有球拍，可以握著做這個實驗。（如果沒有，可以拿個可移動的物件，或用手握著空氣）縮緊手腕的肌肉，並看看你能多快揮拍。然後放鬆手腕肌肉，再看看你揮拍的速度有多快。很明顯，放鬆的手腕比較有彈性。發球時，手腕的彈性握拍方式能產生力量。假如你試圖用力擊球，很可能使手腕肌肉過度緊張，如此一來，更會減慢手腕揮拍的速度，繼而失去力量。而且整個擊球過程會變得死

板，以及難以保持平衡。這就是自我 1 干擾身體智慧的例子。（你可以想像，用僵硬的手腕發球一定無法達到發球者的期望。於是他下次發球會更用力，讓更多肌肉緊張起來，最後自己變得越來越沮喪和疲憊，甚至會增加罹患網球肘〔tennis elbow〕的風險。）

幸好大部分孩子都是在父母還沒開始教導前就學會走路。孩子不止把走路學得很好，而且是在內心的自然學習過程中培養信心。明智的母親會以關愛的態度觀察孩子的學習，而不過度干預。如果我們能夠像小孩學走路一樣看待網球比賽，我們可以進步得更快。當孩子失去平衡跌倒在地上，媽媽不會責怪他笨拙，也不會覺得不開心，只會看在眼裏，也許多說或做一些鼓勵的話或動作。媽媽也不會誤以為孩子是動作不協調，而去阻礙他學習走路的進度。

為什麼人們開始學打反拍的時候，沒有像慈母對待孩子一樣對待自己呢？訣竅是：不要把自己看作反拍。假如你把不穩定的反拍視為自我的投射，你會很失望。如同父母不等於孩子，你也不等於你的反拍。如果孩子每次跌倒，母親都怪罪自己，或每次孩子成功都感到驕傲，她的自我形象就會像是孩子蹣跚的步履一般不穩定。唯有認清自己不是孩子，母親才能找到穩定的力量，並以獨立個體的方式，以慈愛和

抱持興趣的態度，關注孩子的成長。

　　這份若即若離的興趣，是讓你自然打球的必備要素。記得：你不等於你的網球比賽，也不是你的身體。相信身體能自我學習和打球，就如同相信別人能勝任工作，而且很快就能達成超乎你期望的表現。就讓遍野開花吧。

　　你不但要對以上理論心懷信念，更要去測試它。本章結尾時你要做幾個實驗，體驗一下自己主動行動，以及讓事情自然發生的差別。我也建議你在打回合球時，以及備感壓力時親自體驗，探索自己到底有多願意相信自己。

讓事情自然發生

　　到此階段讀者可能會問：「假如我從未學過打正拍，我怎能自然而然的打正拍呢？難道我不需要別人先來教我打嗎？假如我從未學過打網球，我可以直接走進網球場就開始打球嗎？」答案是：如果你的身體知道怎麼打正拍，就讓他打吧。如果他不知道，就讓他去學。

　　自我 2 的行動是根據其記憶儲存的過去行動資訊，或是透過觀察他人的行動而產生。從未握過球拍的初學者，必須

讓球打到球拍的網子幾次，才能讓自我2了解球拍中心點與握拍的手之間的距離。你每次擊球，無論打得對不對，自我2的電腦記憶體都會將珍貴的資訊儲存起來，供未來參考和運用。每次練習時，自我2都會微調和擴大記憶庫內的資訊。它會不斷學習，例如：以不同速度和旋轉方式擊球後，球會彈得多高；球墜落和彈出球場的速度有多快；在什麼位置擊球，才能把球導引到球場上的不同位置。視你的集中力和警覺度而定，自我2能記住每個動作和每個動作的結果。所以初學者需要記住的重點是：讓自然學習的過程發生，摒棄一板一眼的自我指導方式，這樣將會有出人意表的結果。

讓我舉個例子說明，簡單和困難的學習方式，差別在哪裏。我十二歲時爸媽送我到舞蹈學校學跳華爾滋、狐步舞和其他古老的舞步。老師教我們「把右腳放這裏、左腳放那裏，然後再把雙腳合起來。現在把重心轉到左腳、轉身，」如此這般。步驟並不複雜，但我卻花了幾個星期才能夠在腦袋不用播放畫面的情況下跳舞。「把左腳放這裏、右腳放那裏、轉身、一、二、三、一、二、三。」我想著每個步驟，命令自己去執行動作。我幾乎感覺不到懷裏的女伴，經過幾星期後我才能夠在跳舞時一邊跟她說話。

我們通常就是這樣學網球步法和揮拍的，但這實在是漫

長而痛苦的方法！不妨和現在十二歲孩子學跳舞的方式做個比較：他只去過舞會一次，看朋友跳流行的舞步，回家後就已經全部學會。這些舞蹈絕對比狐步舞複雜得多。試想一下，要把這些舞蹈的每個動作用文字描述，這樣一本教學手冊將會有多厚，如果一位體育博士想要「用這本書」學跳舞的話，可能需要一整個學期！但一個連數學和英文都不一定及格的孩子，卻可以在一夜之間毫不費力的學完所有舞步。

他是如何做到的？首先他就只是用看的。他對所看到的一切不加思索，譬如頭向前伸、右腳扭曲時左邊肩膀稍微向上提高，只是用視覺收集眼前的影像。這影像完全繞過自我思維，直接注入體內。幾分鐘後孩子就已經可以在舞池做出類似他看到的舞蹈動作。現在他體驗到模仿這些影像的感覺。他重複整個過程幾次，首先觀看，然後感覺，之後就可以毫不費力的跳舞，並完全投入在舞蹈中。如果隔天他姊姊問他跳舞的方法，他會說：「我不知道……就像這樣……懂嗎？」諷刺的是，他以為自己不知道怎麼跳舞，因為他自己沒有能力用文字來解釋；而大部分人都是透過口語指導學打網球的，能詳細解釋應該如何擊球，結果卻打不好。

對自我 2 來說，一個畫面勝過千言萬語。他觀看別人的動作和自我行動來學習。幾乎所有網球員在看電視轉播的網

球冠軍賽時，都在腦袋裏打了一場球。你看比賽的好處不是
來自分析頂尖球員的擊球方法，而是來自不加思索的專注，
讓自己吸收眼前的影像。下次再打球的時候，你會發現你的
某些重要卻無形的技巧將大為改進，例如：時間的掌握、預
測的能力和信心，這些都完全不需費力或刻意操控。

與自我2溝通

　　簡而言之，對大部分人來說，我們必須使用新的溝通方
式，與自我2建立新關係。如果之前的關係是彼此不信任，
中間充斥著批評和控制，那麼就有必要建立尊重和信任的關
係。你可以著手先改變態度。如果你觀察自我1，他以批判
的姿態，瞧不起自我2，並以漠視的想法貶低後者（以他自
己的眼光）。另一個可能的方式就是：學習尊重自我2。這
種尊重的態度是基於真正認同天賦的智慧和能力，也就是：
謙卑。這是一種當你敬仰的人事物出現時，你自然產生的感
覺。當你設法培養出尊重自我2的態度，操控和批判態度的
感覺和想法將逐漸消失，而自我2的誠摯感卻慢慢浮現。有
了尊重的態度，你就會學著用你敬仰的人的語言來說話。

　　本章最後會討論三種與自我2溝通的基本方法。使用最

恰當的語言是良好溝通的基礎。如果 A 先生希望確定他的訊息能清楚傳達給 B 先生，他一定會盡可能用 B 先生的母語。那麼自我 2 的母語是什麼呢？絕對不是文字！文字是人出生幾年後，自我 2 才慢慢學會的。自我 2 的母語是：感官的影像。他是透過視覺和感官影像來學習動作。所以我將要討論的 3 種溝通方法，全部都是涉及：透過影像和感覺，向自我 2 傳送以目標為導向（goal-oriented）的訊息。

追求結果

許多網球學生太注重擊球方法，卻忽略了結果。這樣的球員知道應該如何擊球，但並不關心球的實際去向。如果能夠把焦點從方法轉移到結果，往往會對他們大有幫助。以下舉例說明。

我和五位女士上小組課，我問她們在打球時，最希望達成的改變是什麼。第一位女士莎莉說希望把正手拍打好，她說「最近的表現真是太糟糕了」。我問她為什麼會對自己的正手拍不滿意，她回答：「我太晚收拍而且提得太高，隨揮（擊球後的揮拍動作）時球拍轉動太多，而且我時常沒看著球，我覺得我做得不好。」很明顯，如果我要指導她所說的

每個環節，將會占掉整堂課的時間。

於是我問莎莉對自己打正拍的結果有何感覺，她回答：「打得太淺而且缺乏力道。」現在，我們可以一起來解決問題。我告訴她，我可以想像她的身體（自我2）早已知道怎樣才能把球打得深、打得紮實，就算它不知道，也很快就能學會。我建議她想像一下球的落點要貼近底線所需的弧度，並注意球越過網子的高度，讓這影像停留在腦海裏幾秒鐘。在開始擊球之前，我說：「不要嘗試把球打得太貼近底線，直接交給自我2去處理，讓它自然發生。如果球的落點都很貼近網子，不要刻意去糾正。就放手看看結果會怎麼樣。」

莎莉打的第三球，落在距離底線一呎內，之後的二十球，有十五球的落點都在球場的後半部，而且力道越來越強。她在擊球時，我和其他四位女球員目睹她提過的所有問題點都自然而然的改變了。她的拉拍降低了、隨揮動作也平穩了，而且開始以平衡和自信的姿態跟隨球的律動。她打完球後，我問她做了什麼改變，她回答：「我沒有做任何改變，只是想像球從網子上2呎的高度越過並落在底線附近，結果它真的是這樣！」她感到驚喜萬分。

莎莉正拍的改變在於為自我2提供清晰的視覺影像，向

它傳達自己想要的結果。

接著她告訴身體：「盡你所能達成我要的目標吧。」她只需要放手讓結果發生。

把希望的結果變成最清晰的影像，是與自我 2 溝通的最佳方法，尤其是在參加比賽的時候。比賽一旦開始，你已經來不及修正自己的打法，但可以在腦海中保持球往理想方向前進的影像，然後任由身體採取行動，讓球擊中目標位置。此刻，信賴自我 2 是重要關鍵，自我 1 必須保持放鬆，避免提供「怎麼做」的指導，或試圖操控擊球。當自我 1 學會放手，它就會對自我 2 的能力越來越有信心。

追求形式

刻意針對特定擊球方式的單一或多個元素作出改變，有時候也會很有用。（我將在第六章「改變習慣」裏詳細討論改變的過程。）

簡單來說，這個過程和追求結果很類似。例如：你總是在隨揮時轉動球拍，無論怎麼努力糾正，這個舊習慣依然存在。首先，你必須給自我 2 非常清晰的影像，傳達你要求他

做的事。最好的方式是：你握著球拍，停在隨揮動作的一個
適當的點，並專注的看著球拍幾秒鐘。你可能會覺得這樣做
很愚蠢，心裏想我明明已經懂得正確的隨揮動作。然而，為
自我2提供模擬影像，這點非常重要。與此同時，你閉上眼
睛並盡量清晰想像你的正手拍，從你的前臂、球拍、平擊、
完成揮拍。然後，在擊球之前，揮動球拍幾次，讓球拍保持
平擊，讓自己感受這種揮拍的新方法。一旦開始擊球，最重
要的是不要企圖保持球拍平擊，因為你已經吩咐自我2保持
球拍平擊，就讓這事自然發生吧！

　　此時，自我1的唯一角色是保持靜止，以超然的姿態觀
察結果。讓我再強調一次，重點是不要刻意保持球拍平擊。
如果擊球幾次，球拍依然未能符合你為自我2提供的影像，
那麼請閉眼再次想像你希望的結果，讓你的身體揮拍，並確
保自我2毫不費力。不要企圖讓實驗成功；如果你這樣做，
自我1就會介入，之後你就很難知道自我2是否在沒有得到
任何協助下擊球。

兩個實驗

　　重要的是，不僅要明白讓事情發生和促使事情發生在觀

念上的差異，更要實際體驗這兩者的差異。要這樣做，先要
了解差異何在。在此建議你做兩個實驗。

　　第一個實驗是嘗試用網球打擊一個固定目標。把一個網
球罐放在其中一個發球區的反拍角落，然後你要想辦法揮拍
讓球擊中罐子。首先想一下拋球的高度、球拍打擊的適當角
度、適當的重量下壓等等。現在瞄準罐子準備擊球。如果你
沒打中，就再試一次。如果你擊中目標，試著重複剛才的動
作，再次擊中目標。假如你按照這個步驟做幾分鐘，你就能
夠體驗我所說的「努力嘗試」和促使事情發生是什麼意思。

　　完成第一個實驗後，你可以把球罐移到另一個發球區的
反拍角落進行第二個實驗。這次你要站在底線，做幾次深呼
吸，然後放鬆。眼睛看著罐子，然後用視覺模擬球從球拍到
罐子的運行路徑，並看著球擊中罐子上的標籤。你也可以閉
上眼睛想像自己發球，讓球擊中罐子。重複幾次這個動作。
假如你想像球沒擊中罐子，沒關係，重現這個影像幾次，直
到球擊中目標為止。現在你不要想應該如何擊球，也不要刻
意去想擊中目標。只是告訴你的身體（自我2）採取必要行
動，去擊中罐子，然後放手讓他去做。練習不操控，讓視覺
想像成為習慣。要相信你的身體，讓他去做。當你把球往上
拋，要把注意力放在接觸點，然後自然而然的發球出去。

這時球可能會擊中或錯失目標，但你必須注意球的實際落點位置。你要排除對成功或失敗的一切情緒反應。只要知道自己的目標並保持對結果的客觀興趣，然後再次發球。如果你沒擊中罐子也無需驚訝，最重要的是不要嘗試糾正錯誤。重新把注意力放在罐子上，讓發球自然發生。如果你的確不去刻意擊中罐子，也沒有企圖糾正錯誤，而且對自己的身體和他的電腦充滿信心，你很快就會看到發球進行自我修正。你會體驗到自我2確實在無需指令的情況下行動和學習。觀察這個過程，觀察你的身體正做出必要的改變，讓球和罐子的距離越來越近。當然自我1也很難對付，要讓它完全不干預是最困難的任務。但你只要讓它稍微安靜下來，就會開始發現自我2正在運作，而且你會像我一樣，對它能辦到的事情，以及毫不費力的過程感到驚訝。

我推薦的第二個實際體驗自我2的實驗，是針對你想要對自己某種擊球方式作出某些改變。例如：選一種你一直改不掉的壞習慣，然後請朋友丟20個球給你接，並嘗試把壞習慣改掉。首先，你要告訴朋友這樣做的目的，並請他觀察你是否有所改進。你可以努力嘗試用你原有的改變習慣的方法，去體驗這種嘗試的感覺。假如你覺得嘗試失敗，請觀察失敗後的感受，並且注意自己是否感覺不自然或緊繃。現

在，請你在練習對打時，看看你的擊球方式是否有修正。然後再看看比賽時又會如何。

下一步，選擇另一個你想改變的習慣，即使跟前面同一個習慣也可以。（如果第一次嘗試改變失敗，再對同樣的習慣做實驗就會很有趣。）請朋友丟 5 或 10 顆球給你接。此時，不要企圖改變你的打法，純粹觀察就好。也不要分析，只要細心觀察，感受球拍全程的位置。當你純粹以不帶批判的態度觀察自己的打法時，就會產生改變，但如果你覺得必須再進一步修正，你就要「創造出那個你想要的狀態的影像」。告訴自己實際希望自我 2 做什麼事，提供一個清晰的視覺影像，按照理想路徑慢慢移動球拍，並讓自己非常仔細的觀看。接著重複整個過程，但這次要確實感受用這種新方法帶動球拍到底有什麼感覺。

現在，你已經具備影像和感覺，可以準備打球了。把眼睛和思想專注在球的接觸點並讓擊球自然發生，然後觀察有什麼結果。同樣的，不要分析，只要觀察自我 2 能夠對你的要求做到什麼程度。如果你的球拍沒有依循你想像的路徑移動，就重新創造影像，讓擊球自然發生。延續這個過程，讓自我 1 對每一球越來越放鬆。很快你就會發現自我 2 是可以信賴的。你可以在短時間內改變長久以來的舊習慣。當你打

了二十球左右，請朋友再跟你練習對打，這時你要確定不會刻意用「正確」打法去讓實驗成功，只是純粹持續觀察改變中的揮拍動作，就像觀看別人打球一樣，要抱著不干預和關心的態度。你只需要觀看，它自然會以其流暢的過程，輕而易舉地產生改變。

也許這看似太完美以致於不真實，但我只能建議你親自體驗和觀看。

我實在有必要進一步說明這種改變習慣的藝術，因為太多球員花大量時間和金錢去上課。但是，在更詳細說明這項藝術之前，讓我們先來討論第三種與自我2的溝通方法。

追求特質

上一章我曾經提到批判的過程如何介入並擴大，而形成強大的負面自我形象。球員開始相信自己不是好球員，然後開始扮演這個角色，因此忽視自己真正的能力，也從來不讓自己發揮。許多球員會催眠自己去扮演比真實自我更差的球員。但如果他們改為去扮演另一類角色，通常會有很有趣的事情發生。

　　為什麼要做這種角色扮演呢？介紹這種方法時，我通常會說：「想像我是電視連續劇的導演，我知道你是會打網球的演員，我問你想不想在這齣戲中扮演一個網球員的小角色，而且我向你保證你不用擔心把球打出界外或掛網，因為攝影機只對著你，不會跟著網球的去向。我主要希望你展現專業選手的風範，你揮拍時總是充滿自信。更重要的是：在你的臉上完全沒有自我否定的表情。你看起來像是能非常精準地打每一顆球。你要完全投入角色、盡情擊球，不用理會球實際飛到哪裏。」

　　球員能夠成功忘記自己，真正投入既定角色，往往會在比賽中產生驚人的改變。你甚至可以大膽說這些改變簡直充滿戲劇性。只要演員能投入角色，就能體驗連自己都不知道的個人特質。

　　這種角色扮演和所謂的正向思考差別很大。後者告訴自己你跟葛拉芙（Steffi Graf）或張德培（Michael Chang）一樣優秀。前者是不用說服自己，就能表現得比真正的自己更優秀。過程中你是有意識地扮演某個角色，但同時，你會更清楚了解自己真正的能力範圍。

　　很多人開始打網球超過一年後，就會陷入某種打法而難

以自拔。有些會習慣用防守型打法，他們不會努力去救每一球，也不常用高吊球、把球打得很靠近對方底線，而且很少打出力道或爭奪勝利。防守型球員會等待對手失誤，以無比的耐心等候對手落敗。有些義大利泥地球場（一般分為紅土、綠土、藍土）球員曾經是這種打法的典型例子。

進攻型球員剛好相反。他們在極端情況下每一球都是為了取得勝利。每個發球都是以愛司球為目標、每次接發球都設法打穿越球、截擊和扣殺的落點都要在離邊線一兩吋範圍內。

第三種常見模式是所謂的「正式」打法。這類球員不太在意球的去向，只要打起來好看就好。他們寧可被視為打法完美，更勝過贏得比賽。

相反的，有一種競爭型球員會竭盡所能爭取勝利。他拼命奔跑、設法讓對手疲於奔命，務求讓對手暴露每一個精神和體能上的弱點。

我對一群球員介紹了這些球員類型之後，通常會建議他們在實驗中採用最不像他們慣用的類型。我也建議他們無論選擇哪種類型，都要扮演優秀球員的角色。除了好玩，這種角色扮演也能擴大球員的領域。防守型的球員學習到原來自

己也可以奪得冠軍、進攻型球員則發現原來自己也可以很有格調。而且我發現，當球員打破舊有模式後，可以大大拓寬自我風格的局限，發掘個性被壓抑的一面。當你更容易接觸到自我 2 涵蓋的各種特質，你開始發現自己無論是在球場內或球場外，都可以在任何情況下運用這些特質。

摒棄批判、創造影像的藝術和「任由事情發生」是內在比賽的三項基本技巧。在進入第四種也是最重要的內在技巧「專注」之前，我會花一個章節討論外在技巧，以及如何駕馭這些技巧，不會因為低估自我 2 的天賦能力，而陷入批判思考和過度操控。

第五章

探索技巧

前面幾章，我們強調要拋開精神上的指揮，讓思維平靜下來，接著要集中精神和信任身體，讓他去做他能勝任的事情。這些是為了讓學習技巧時能更自然而有效，而預先做的準備。在開始介紹各種網球擊球的特殊技巧之前，我想先對技術指南（technical instruction）與自我2學習過程之間的關係提出一些意見。

對我來說，任何的指南系統的建立都應該植基於：先了解人們與生俱來的自然學習過程。對早已載入你DNA內的學習過程干擾越少，你的學習進度就越快。換句話說，在從指南學習的過程中你的恐懼和懷疑越少，就越容易進入學習的自然步驟。其中一種有助增進你對自然學習的體會及信任的途徑是：觀察小孩接受教育之前的學習方式，或觀察動物教導下一代的行為。

我遊覽聖地亞哥動物園時，剛好有機會觀察一隻母河馬似乎要給小河馬上第一堂游泳課。在水池較深的位置，河馬浮在水裏，只露出鼻子在水面上，不久牠便沉到水底，在水底休息大概二十秒後，用後腳一撐又浮到水面上。接著我又看到一隻原本在陽光下照顧著幼兒的母河馬，突然站起來並用鼻子把小河馬推向水池，小河馬掉進水池馬上就像石頭一樣沉下去並留在水底。母河馬漫步到水池較淺的位置然後從

容地走進去。大約二十秒之後，她走到小河馬身邊，用鼻子把小河馬頂到水面，這個小傢伙吸了一口氣又再沉下去。母河馬再重複剛才的步驟，但這次牠走向水池較深的位置，似乎知道自己在學習過程中的角色已經結束。小河馬在水面吸一口氣又再沉到水底，重複幾次之後，牠就學會了用後腳把自己推回水面。之後牠就重複使用這種新技巧。

母河馬好像很清楚自己要做多少次示範、何時要鼓勵、何時不需要鼓勵。牠知道一旦「啟動」孩子的學習過程，便可以完全信賴孩子的本能。雖然我不敢輕言上旋反拍的技術早已植入你的基因結構裏，但可以肯定自然學習過程的設計是如此周密。如果能夠認識和尊重它，會對我們裨益良多。身為老師或學生，我們唯有與自然學習過程和諧共處，才能做最真實的自己和達到最有效的學習。

技術指南是怎麼來的？

網球是在1800年代末期由歐洲傳入美洲。當時還沒有專業網球教練可傳授技術，最好的學習方法是由球員親自體驗各種揮拍的感覺，然後和其他球員交流感受。我堅信在學習如何使用技術知識或理論時，最重要的是認清：基本上，

經驗勝過技術知識。當你開始閱讀傳授技巧的書籍和文章時，也許連球拍都還沒拿過。但這些指南是從何而來？它們不就是源自別人在特定時刻的經驗嗎？可能是別人在有意或無意之間用某種方式擊球而感覺很好、也很成功，再透過不斷實驗和修正，最後形成可以重複運用的擊球方法。

人們可能是為了能夠再次用這種方式擊球，或要把方法傳授其他人，而設法用語言來描述這種擊球方法。但文字只能代表行動、想法和經驗。語言本身不是行動，最多只能稍微帶出擊球方式所蘊含的精妙和複雜之處。雖然你所閱讀的指南，可以儲存在腦內負責記憶語言的位置，但你必須明白，記得指南上的種種說明不等於記得擊球動作本身。

只要給予自己正確的指引，例如：「從低至高擊球」，就能一次次打出很棒的上旋反拍，這種想法當然是很方便。我們寧可相信自我1學習技術概念的過程，而不相信自我2透過經驗的學習方式，認為好球是由服從指南而來，而忽視自我2的角色，因此一旦我們引用同樣的指南，卻打不出同樣的好球時，就會陷入失望的深淵。由於我們認為指南是正確的，因此結論就是：因為我們不遵從指南，才會犯錯，然後會開始自責、對自己的能力給予低劣評價、說自己愚蠢，或用其他方法責備自己。

　　但錯誤也可能是因為對自我2不夠信任和太依賴自我1的操控而起。就好像我們比較喜歡認為自己是聽從命令的電腦，而不是人類。結果我們無法連接到肌肉記憶體的直達路徑，而這路徑本來可以承載更完整的行動知識。在偏向利用語言代表真相的社會裏，你很可能與感覺的能力脫節了。唯有這種能力才能夠讓你「記住」擊球動作本身。我認為這種記憶是對自我2信任的根本舉措，沒有這份信任，任何卓越技巧都將無法持續。

　　當你把文字指南傳送給別人，而這個人的經驗庫記憶體當中並不存在指南所描述的行動，那麼它將完全與經驗脫節。在這種情況下，理論記憶和行動記憶分離的機會就更大。（這讓我想起詩人艾略特〔T. S. Eliot〕的詩〈空心人〉〔The Hollow Men〕當中的一句話：「在理想/與現實之間、在動作/與行動之間瀰漫陰影。」）

　　當我們開始用指南批判自己的擊球方式，而不去實際參與體驗課程，經驗和指南之間的鴻溝只會越來越大。指南被用作概念性的「應該」或「不應該」，將會讓自我2的直覺認知和行動之間蒙上恐懼的陰影。我見過很多學生明明打出好球卻抱怨連連，原因是認為自己有些地方「做錯了」。等到他們的擊球符合所謂的「正確」擊球概念時，擊球已經失

去力量和貫徹性，同時也喪失了自然而然的特質。

簡言之，如果我們讓自己斷絕感受自我行動的能力，過分依賴指南，自然學習過程和我們的潛能都會大打折扣。反之，如果我們是靠自我 2 的直覺來擊球，則會強化能夠打出好球的單純神經路徑。

雖然此議題是如此的理論化，但最近根據美國網球協會的運動科學部及大部分人的經驗來看，都肯定表示：過多的口頭指南，無論是發自內在或外在，都會干擾個人的擊球能力。而且同樣的口頭指南傳達給十個不同的人，往往會有十種不同的意義。即使你光是努力去做指南上的一項要求，但如果這個要求你沒有完全了解，都有可能讓你揮拍不自然和僵硬，以致於無法表現良好。

我在前面的章節提過，只要在打球的過程中保持對身體、球拍和球的關注，就可以自然學會打球的技術。球員對每個動作的認知越高，就越能從經驗獲得更多反饋。如此一來，任何球員在任何發展階段，都能更自然地學習到感覺最好和最有效的技巧。底線是：從經驗中學習是無可替代的途徑。不過，縱然我們有自然學習的能力，大部分人卻都忘記了這種技巧。再者，我們大多已經失去與感覺的聯繫，必須

重新學習如何去感覺和學習。套用前輩中肯的名言：「沒有任何老師比得上自己的經驗。」

如何善用技術指南

剩下要解決的問題是：個人的豐富經驗（指南）如何能幫助別人。答案是：如果來自經驗的有效指南能夠引導我從個人實踐中探索可能的擊球方法，那麼指南就會對我很有幫助。從學生的角度來看，問題就是：如何聽從技術指南，並且確保在運用指南時不會掉入自我1的批判、懷疑和恐懼的陷阱裏。對於老師和教練來說，問題當然是：如何提供指南，幫助學生自然學習而又不造成干擾。假如能在這些問題上得到啟發，相信這個過程也可套用在不同領域的技術學習上。

我們就從專業教練廣泛使用的簡單指南開始：「打反拍時手腕要抓緊。」我猜這種指南是由於某人經過準確觀察，發現抓緊手腕比放鬆或搖晃，更能打出相對穩定和有力的反拍。像這種明確的指南剛開始好像很有效。在還沒把它奉為聖旨之前，我們先來分析一下到底手腕放鬆能不能打出反拍。當然可以。那麼，是不是也可以用極度堅實的手腕打出

反拍呢？當然也可以。類似這種「有用的」指南隨時會出現，你不能單靠「服從」就能成功使用它。相反的，你要利用指南來引導自己發現手腕的最佳鬆緊程度。你只需要注意手腕在擊球時的感覺，而不一定要用語言來表達。擊球時你的手腕可能會太放鬆，也可能會太緊張，最後你會自動找到最舒服和最有效的擊球方式，並固定這樣做。你顯然會發現：所謂適當的鬆緊度很難用語言記錄下來，只能憑感覺而定。

這是一個與服從指南截然不同的過程。假如我執意相信「手腕抓緊」的指示，但其實我的手腕一直都太放鬆，這時我用較堅實的手腕作第一次擊球似乎比較好。然後我會告訴自己：「手腕抓緊是很好的方法。」於是對後續的擊球，我都不忘告訴自己讓手腕堅實。但這時候擊球，我的手腕其實本來已經很堅實，結果最後就變得太用力。這種緊張的肌肉感覺很快便傳導到手臂、頸部、臉頰和嘴唇。但我明明已遵循指南，到底是哪裏出了問題？然後別人會馬上告訴我要放鬆，但我要放鬆到什麼程度呢？於是我一百八十度轉向，直到我讓手腕放鬆至嚴重搖晃為止。

因此，我相信技術知識最好是用來提醒你理想目標是什麼。這樣的提示可以透過口頭或動作示範，但最好把它視為

理想目標的近似值，透過對每次擊球的關注，以及感受適合球員的擊球方法去探索它。如果我要指示學生「用由低至高的打法打出上旋球」，為了避開自我 1 的過度操控，我會先利用學生的球拍和手臂模擬示範，以表達文字的意思。然後我會說：「可是你不要這樣做，只要注意球拍究竟是由高至低往下打、是保持和球一樣水平、還是由低至高往上打。」經過幾次用由低至高的擊球方式，我會要求大家更仔細領略其後幾球由低至高的擊球角度。如此一來，學生就能體驗由低至高擊球的角度，與打上旋球之間的關係。同時也可以開拓更多可能性，並找到感覺最好和最有效的擊球方法，而思想也不再受限於需要遵循特定的正確方法打球。

　　假如你要一群專業教練寫下所有打正拍的重要元素，他們可以輕易列出至少五十項，而且每項元素下面還會涵蓋幾個類別。可以想像，網球員要面對這些複雜的內容會多麼困惑，難怪會這麼容易產生自我懷疑。另一方面，了解揮拍的方法並記住揮拍的感覺，就像記住圖像一樣。我們的心智絕對能夠勝任，並且有能力分辨一個元素與另一個元素之間的細微差異。運用認知去「發現技術」的另一個好處是：不會讓只喜歡依賴公式而輕忽感覺的自我 1 過分操控和批判你。

　　本章最後會提供技術指南，幫助你自行探索各種擊球的

有效技巧。這樣做的目的不是要把全部你所需的指南告訴你，而是要給你足夠的例子，讓你更明白如何運用各種來自不同資源的技術指南，協助你發掘最佳的擊球方式。

在開始之前，讓我先簡化網球的外在要求。球員要成功只要兩個條件：讓你打出的每一顆球越過球網，並落入對手的場內。而擊球技術的唯一目的是：以穩定、足夠的速度和準確度，滿足上述兩項要求，而且盡量給對手製造困難。再簡單一點說，就是先直接觀察幾次正拍和反拍的擊球，在過網和落地時的動態。我們等一下將會看到，這種已獲得正式認可的技術，已經隨著時間發生了變化。那種無庸置疑的正確度，已再也不是那樣的絕對正確。

擊落地球（ground stroke）

握拍

如果你問十個網球員為什麼打正拍時用這種握拍方式，打反拍時卻用不一樣的握拍方式，他們大部分會回答是看書或雜誌學來，或者是教練教的。縱使他們所學可能是「正確的方式」，但如果他們對握拍的實際經驗理解不夠，或不清楚為什麼要改用不同的握拍方式，就不太可能發現對自己最

有利的握拍方法。

　　市面上有大量關於握拍的資料可供參考。球員學習變換握拍方式的原因之一，是希望在每次擊球時，球拍和手最能盡量結合。但由於每隻手都有些微差異，因此你必須根據對你的手最舒適，而又能具備理想支撐和球拍角度，進而調整你實際的握拍位置。

　　同樣的道理也適用於如何決定握拍的鬆緊度。讓我嘗試用語言說明。我的最有力說法是引自大鼻子情聖（Cyrano de Bergerac）的劍術指南：「握著花劍就像握著小鳥一樣，不要太放鬆，否則牠會飛走，也不能太緊，不然會把牠勒死。」這是很好的比喻。但在現實世界裏，尋找正確握拍力道的唯一方法是：透過行動去體驗，從而發現你覺得舒服和有效的方式。

　　如果過去幾年你有一直關注「被認可的」握拍方式的演變，你應該會注意到全世界認可的東方式（Eastern）正拍握拍法（「握手」式握拍法，大拇指與放在球拍上的食指成 V 字型）是主流。雖然美國網球協會的刊物依然認可這種握拍方式，但許多比賽球員已經放棄採用，改用半西方式（semi-Western）握拍法（對於右手球員，是東方式握拍法向右邊

轉約四分之一圈）。這些球員是怎樣開始採用這種握拍法？他們為什麼會一直持續使用？會不會是他們發現了這種方法，而經驗不斷告訴他們這是有效的方法？他們打破了教條不是因為它有錯，而是因為找到了更適合自己的方法。

步法

眾所周知，在網球場上每次擊球成功與否，步法是關鍵變數之一。當身體揮拍擊球時，步法是支撐身體動作的基礎。雖然市面上已有很多關於這個主題的文章，但它們都太容易讓腳打結，或讓人在「服從」繁多的步法指南過程中感到不自在。我們在這裏會採取另一種方法。

由專業教練傳授的常見反拍步法技巧，在過去二十年來並沒什麼改變。右手球員通常會被要求「擊球時腳要向前移向球，球與腳大約成45度，雙腳要自然的分開」。普遍的解釋是「雙腳貼得太近容易失去平衡」，同時，「你在擊球時應該把身體的重心從後腳轉移到前腳。」

假設這兩項指南都有助於學習步法技術，那麼如何善用它們呢？我們首先要抗拒馬上遵循它們的誘惑。第一步是密切觀察自己的步法，尤其是當它與指南的其中一個變數有關時，例如：重心轉移。不要刻意改變重心轉移的過程，現在

你只要純粹觀察轉移是如何發生，當你持續觀察，到了必須改變的時候，你的重心就有機會自動發生變化。你可以讓自我2親身體驗，直至他找到最舒服和最有效的方式為止。

　　同樣的方式也可以用來尋找最適合的角度。你知道45度角大概是多少，你就可以觀察前腳向球跨步的角度。如果在你最初觀察時發現腳移動的角度明顯小於或大於理想的角度，請不要勉強改變。讓自我2模擬理想的角度，直到他覺得合適為止。你提出要求，他負責執行。但要有心理準備，有時候自我2所找到最適合自己的方法，可能會與指南不一致。這種狀況也有可能發生在正拍的步法上。

　　與反拍相反，正拍以往被認同的正確步法在過去二十年有了重大變化。這本書在首次出版時（1974年），正拍步法的普遍教法與反拍步法幾乎一樣，唯一差別是用另一隻腳以45度的角度跨向球。這是我在五十幾年前第一次學習網球時接受的教育。其實當時我在學習「正確」的步法時，踏步的位置是印在一塊黑色的塑膠墊上。學習正拍走動的指定步法時，我必須重複按著塑膠墊上的腳印踏步，直到我踏步時不需要看著腳印為止。然後，在課堂上如果我無法踏出正確步法，教練就會糾正。

　　但是到了現在，你已經有兩種備受認可的步法可供選擇。第一種名為「開放性擊球正拍」（open stance forehand），是一種由泥地球員發現和推廣的步法，他們擊球時把身體重心放在右邊，而不是把重心轉移到前腳。他們不是用左腳踏步向球，而是橫向踏步與底線平行，右腳開放角度接近180度。他們會轉動肩膀、扭轉臀部，並像開瓶器一樣展開身體進行擊球。但觀察比說明更容易，已經證實這種開放性擊球正拍在泥地非常有效，最後很多專業球員也用於硬地和草地球場上。這種打法的優點是更容易打出上旋球，也比用左腳踏步擊球後更能飛快返回球場中央。我覺得這項改變特別有趣，因為在這種步法還沒被「認可」之前，我用這種步法打正拍，可被罵了無數次。

　　在同時學習這種「開放性擊球」正拍的步法和其他配合揮拍的元素時，如果你一定要把過程分解成細節，再用指南的方式逐一學習，然後組合起來的話，那絕對是一項艱鉅任務。但假如你去觀察其他打得不錯的球員，並在開始研究那些揮拍細節之前，先讓自己「摸索整個過程」，這樣學習起來就不會那麼困難。你在進行這個實驗時完全不作批評，甚至不理會結果，直至你能掌握到完整的揮拍感覺為止。這是非常重要的態度。完成後，你才可以關注特定細節，並任由

它們自行修正。你感覺準備就緒後，可選擇把注意力放在臀部旋轉的角度，觀察肩膀的轉動方式、手臂的動作等等。當你打反拍把重心分布在腳上，你必須要同時觀察這些動作，讓它們不經意的依循一定模式進行，但也要讓自己找到適合自己身體和個性的感覺，才能創造成果。

假如你已學會開放性擊球正拍的打法，即使它是正確的正拍打法，也不代表你每次擊球都要用它。另一種打正拍的認可技術稱為「半開放性擊球法」。這種方法是在兩腳與底線之間形成90至100度角。它是傳統步法和開放性擊球正拍兩者之間的折衷方法，揉合了每種方法的優點。如果讓你選擇，你可以同時駕馭這三種正拍打法，在適當時候選用任何一種。重點是選擇權是在你手上，不是要讓自己或自己的打法去配合既定的模式，而是要讓模式配合你。你只是利用它們幫助你發現和發展你所需要的技巧，否則只會降低你作為球員和學習者的潛能。

明白無論有沒有技術指南，都可以輕鬆地運用專注力去學習任何網球技術，就可以輕易發現應該把注意力放在哪些重點上，然後在經驗中運用同樣簡單的探索過程。以下我總結了擊落地球的幾個重點，你也可以把網球雜誌或書上的指南新增至下列清單中。

擊落地球的一些檢核清單

1.**拉拍**　當你拉拍到身後時，球拍的拍頭在哪裏？開始拉拍時球的位置在哪裏？拉拍的過程中，你的拍面是如何？

2.**撞擊**　你能感覺到球與球拍的撞擊位置在哪裏嗎？你的重心如何分布？撞擊時球拍拍面的角度是怎樣的？你感覺到球在拍面停留的時間有多長？你對球的旋轉方式和旋轉程度可以感覺到怎樣程度？撞擊時，你感覺到擊球的穩定性和傳送到手臂的震盪力有多少？發生撞擊時，是在你前方或後方多遠的距離？

3.**隨揮動作**　你的揮拍動作結束點在哪裏？向什麼方向？撞擊後球拍拍面發生什麼狀況？隨揮時有猶豫或抗拒的情況嗎？

4.**步法**　準備和擊球的過程中，你的重心如何分布？擊球時你的平衡狀況如何？你踏了多少步才接到球？步伐的大小如何？你在移動時，腳踏在球場上發出什麼聲音？當球接近你，你會後退、前進，還是保持不動？擊球時你的下半身基礎穩固程度如何？

發球

對於網球的各種擊球來說，發球是最複雜的。揮擊時必須兩隻手臂並用，負責擊球的手臂動作要與肩膀、手肘和手腕同步。發球時，如要靠自我1去記住擊球動作的每個指南確實太複雜。但如果你讓自我2透過對擊球的各項元素以及整個擊球過程專注地進行學習，事情就沒那麼困難了。

發球要注意的重點

一般而言，有幾個重點可以幫助你專心練習發球。要記住基本目標始終如一，也就是要讓球充滿爆發力，準確而穩定地越過球網，並打進對方場內。這裏提供幾個要考慮的變數。

托球

● 要把球托多高？

● 你的球拍在碰到球之前，球墜落了多少距離？

● 球的位置是在你前腳腳趾的前面或後面、左邊或右邊，距離多少？

平衡

● 發球時你會感到失去平衡嗎？

● 隨揮時你的動力是朝向什麼方向？

● 發球時你的重心是如何分配？

節奏

● 觀察發球的節奏，以唸「噠……噠……噠……」的方式數拍子，從開始發球說一次「噠」，舉起球拍準備揮擊時再說一次「噠」，擊球時再說一次「噠」。感覺和聆聽發球的節奏，直到你找到最適合你和對你最有效的節奏為止。

球拍位置和手腕發力

● 球拍朝著球揮去之前，球拍在什麼位置？

● 球拍是從球的右邊還是左邊切入？以擋球的方式打擊（是正正的打），還是從左往右打？程度如何？

● 你的手腕在擊球那一刻發力程度為何？

● 在揮拍的什麼時候，手腕開始放鬆？

力量

由於發球需要很大的力量，球員很多時候會「太努力嘗試」去製造力量，過程中往往讓手腕和手臂肌肉過分緊張。諷刺的是，這些過分緊張的肌肉會對力道造成反效果，因為手腕和手肘會很難很自然的鬆開。所以重點是：觀察肌肉緊

張的狀況，找出能夠帶來最佳效果的鬆緊程度。

　　專業教練可以針對你目前的狀況，指出在特定發球方式上最需要注意的地方。你只要把他的指南視為開拓個人經驗的機會，就必定能夠以自然和有效的方式學習。

　　除了我們都要以獨立個體的模式學習是一個事實外，另一個事實是：沒有一種方法可以滿足每個人。如果有的話，為什麼目前如此眾多傑出球員，卻用各種不同方式發球？他們也許會互相學習，但每個人總會隨著時間的演進，而作出適合自己身體、技術水平、個性特質的發球方式。簡單來說，就是適合他個人的打法，而且這個過程仍在不斷演變。儘管他們會把成功歸功於某些球員和教練，感謝他們幫自己找到最好的發球方式，但他們最初的進展其實是源自內心的指南。透過簡單的過程，找到自己覺得最舒服和最有效的方式。

　　就如同許多網球的擊球方式，想突破窠臼的專業球員往往會挑戰傳統的發球方法。我在五十幾年前學發球時，我的教練約翰・加德納（John Gardiner）是當時的頂尖球員之一，他教我當年被公認的發球方法。為了讓手臂以正確的方向和節奏移動，我們會哼「一起向下、一起向上、擊球」的

口令，意思是拋球和擊球的手臂同時向下垂，然後當負責拋球的手臂舉起來把球拋出時，負責擊球的手臂也同時舉起並移向後方，準備擊球。就像打美式足球時，四分衛舉起手臂準備拋出前進傳球一樣。之後要看球拋出的高度，負責擊球的手臂會衝向前擊球，這樣在擊球時手臂才能完全伸展，然後隨揮超過腳部。這種打法在過去五十年都被奉為基礎網球真理。

我在撰寫這個發球單元時，看到本月網球雜誌的一篇文章指出：現在頂尖的發球選手包括葛拉芙（Steffi Graf）、陶德‧馬丁（Todd Martin）、山普拉斯（Pete Sampras）、馬克‧菲利浦西斯（Mark Philippoussis）和戈蘭‧伊凡尼塞維奇（Goran Ivanisevic），其實都不依循一起下一起上的動作。所以從「正確」發球的觀點來看，這些優秀的球員都「做錯」了。

那篇文章的標題是：「發球要搖擺雙臂。」作者建議當拋球的手臂完全伸展準備拋球，擊球的手臂應該保持向下朝向球場地面。如果要像這些職業球員那樣發球的話，球員要遵循的指示是：「當拋球的手臂舉起，擊球的手臂向後垂下」，接著說明如下：

舊式的「一起向上」技術，表面看來似乎更有節奏感，但實際上會對一些球員的發力造成阻礙，因為它強迫擊球的手臂靜止在拉拍的最高點，破壞了在該點的累積動能。

從這些職業球員發球的照片可以清楚看到，他們採用了很不一樣的做法。文章繼續說明如下：

最重要的是：注意每一位球員如何將擊球的手臂擺出「手掌向下」的姿勢：也就是說，當球拋出的那一刻，負責擊球的手的手掌正朝向地面……好的發球必須要達到「套索效果」（lasso effect），在發力擊球之前，球拍快速舉高過頭部，然後繞著圓弧向下到身後。

我引用這篇文章有兩個原因：第一：證明真理是會改變的，而改變是因為人們有勇氣嘗試跨越現有的教條規範，並相信自己的學習過程。第二：變革的既定方法本身也需要改變。我在閱讀上述所謂搖擺手臂的時機時，腦海裏出現很多讓人困惑的疑問。我到底懂不懂「套索效果」或「擊球的手的手掌朝向地面」這類用語的意思？另一個讓我困惑的疑問是：即使我明白這些要領，我能夠遵循它嗎？然後我問自

己，是否真的能夠摒棄這些行之有年的「舊式」發球方式？最後要問，單純因為這些發球方式適合已達到特定水平的職業球員使用，就代表它是對我最好的方式嗎？

這篇對於發球法的新發現的文章能幫助你嗎？首先，你可能需要搞清楚自己為什麼想要進行改變。如果只是因為現在有些頂尖職業球員發球的方式已經不一樣，或因為這種發球方式很流行，這樣的理由似乎太牽強。另一方面，你可能認為這是讓你增加發球力道的方法，很值得嘗試。若是如此，你首先需要知道你想得到什麼結果，以便充分掌控屬於你自己的學習過程。

剛讀完一篇文章或看完別人用新方法發球之後，不要馬上論斷這種新方法對你必定是「正確」的。先讓你自己（自我2）觀察認為有趣的東西，並且無視自我1的意見，因為自我1只會製造公式讓你遵循。在觀察的過程中，有些東西會「突顯」出來，或吸引你的注意。讓自我2專注在他已經有足夠知識去體驗的元素上。

如何觀看職業球員

我小時候常常打接觸式橄欖球（touch football），我發現每次當我爸爸帶我去看完舊金山49人隊的比賽之後，我的表現就會好很多。我沒有研究法蘭西斯‧艾伯特（Frankie Albert）的傳球技術，但我有領悟到：它讓我打球時有不一樣的表現。我相信很多人都跟我一樣有過類似經驗。

雖然我們一定可以從觀看優秀球員打球學到很多東西，但我們還要學習如何觀看才行。最好的方法是：單純觀看職業球員的揮拍方式，而不把它視為自己應該運用的方法。很多時候，初學者總希望像職業球員一樣揮拍，就像嬰兒還沒學會爬行之前，就想要走路。要知道在觀看職業球員打球時自己制定技術模式，或過度模仿，都有可能傷害你的自然學習過程。

你應該讓自己專心觀看最感興趣的職業球員的動作，自我2這時會自動吸收對自己有用的擊球元素，並刪除沒有用的部分。觀察每一次重新揮拍的感覺和運作方式，讓自然學習過程帶領你達成最佳的擊球表現。不要強迫自己改變，要讓自我2在尋找新的擊球方式時「自行摸索」。在過程中，他自然會運用觀察職業球員時所吸收的「提示」元素。

根據我個人和合作夥伴的經驗，自我 2 對何時是時候鍛鍊你的特定擊球元素其實具有很強的直覺。在學習如何觀看職業球員打球的過程中，你應該在外在觀察和球場體驗兩者之間互相切換，直至你有信心掌握所學的擊球技術為止。

運用「內心比賽」方法，在外在觀察（或對於外在指南的記憶），以及對自己動作的認知兩者進行切換時，最高的掌控權還是會留在你心裏。過程中無需作出任何批判，你會看見你的表現與外在模式的差異，但你只需要注意它們並繼續觀察，感覺自己的動作，並檢視最終結果就已足夠。抱持平常的學習心，讓自己能自由自在的尋找最合適的感覺。

總而言之，我相信那些已經找到最佳擊球方式的人，一定有助於你找到最佳的擊球方法。一個人學到的技術知識，可以為其他正在尋找最合適擊球技術的人帶來貢獻。不過，將別人的擊球或擊球說明納入你的對與錯標準是一件很危險的事。自我 1 很容易愛上公式，他會告訴自己球拍應該在什麼時間放在什麼位置上。簡言之，他喜歡墨守成規的操控感。而自我 2 卻喜歡整個擊球過程的律動感。「內心比賽」是鼓勵大家與自我 2 與生俱來的學習過程保持聯繫，避免自己勉強讓擊球方式遵循外界的模式。你在學習的當下運用外界模式，卻不會讓它們操縱你。自然學習的過程永遠是由內

而外，而不是由外而內。學習者是你，而且是個獨立個體，你的學習絕對是由內在學習過程主導的。

　　我喜歡這種方法是因為，在過程中不會感到我是把自己或學生套進目前流行的外界模式裏，但我卻能運用外界模式幫助我自然演進，進而掌握最佳的擊球方式。一位職業高爾夫球員上完「內心比賽」課程後表示：「我認為正確的揮拍技術每天都在改變，我學得越多，就越會一直打破和重建原有模式，技術也就一直進化。」自我2的本質就是把握機會、不斷演進。隨著技術演進，你會越容易學習新技術，並且能夠在短時間內作出重大改變。當你發現了自我2的學習潛力，不光是會改進你的網球擊球表現，更能提升你學習任何知識的能力。

　　以下的列表告訴你如何吸收來自職業球員、網球雜誌和書本有關擊球的方法，以及如何把它們轉化為認知，幫助你更容易找到適合自己的技術。這些觀察必須藉由課堂上不斷擊球，直到自我2有機會體驗和適應喜愛的擊球方法為止。如果你有老師就讓他教你，但同時要駕馭自我2，因為它毫無疑問是你最大的資源。

擊球	技術指南	認知指南
擊落地球	在肩膀水平隨揮	注意隨揮水平與肩膀的關係
	早點收回球拍	觀察球彈起時你的球拍的位置
	俯身接球	感覺膝蓋在後續十次擊球的彎曲程度
	讓球拍低於球的水平，以製造上旋	揮擊時留意你的球拍相對於球的水平。體驗接觸的感覺和上旋的程度
	用球拍的中心點擊球	感覺（不是用眼睛）球與拍面接觸的位置
	準備擊落地球時後腳要站穩	準備擊落地球時注意後腳的重心比例
截擊	揮擊你前方的球	注意與球的相對位置
	截擊並打到貼近對手底線的位置	注意截擊球的落點與底線的相對位置
	不拉拍，直接擊球	你把球拍拉回多少？最小的拉拍程度為何？你要拉拍多少才能帶來最佳的擊球機會？
	盡量在球下降至低於球網水平之前擊球	專注在球與球網頂端之間的空間。注意這個空間的變化。
發球	擊球時手臂要完全伸展	注意手肘在擊球瞬間的彎曲程度。
	拋球的高度要等同伸展開來的手臂和球拍，距離前導腿前方大約6英吋。	觀察拋球的高度，任由球墜下並觀察落點與前導腿的相對位置。

第六章

改變習慣

　　前面的章節大概已經告訴你可以如何改變自己的擊球方式。本章的目的是要歸納一下「內心比賽」方法如何反映這些改變，使它們同步融入你的行為。祕訣俯拾皆是，有好也有壞，而比較難得的是找到套用祕訣的可行方法，以新的行為模式去取代舊的行為模式。改變習慣的過程是大部分球員最感到困難的，但當你學會如何改變習慣，要學習新改變就相對變得簡單。一旦掌握了學習的方法，你只需要去發掘什麼是你值得學習的事物。

　　以下的總結可以稱之為嶄新的學習方法，但其實它一點也不新，而且是最古老且最自然的學習方式——純粹讓自己忘記從前累積的非自然學習方式。為什麼小孩子學外語這麼容易？主要是因為他還沒有學會如何干擾自己那種自然、未受過教導的學習過程。「內心比賽」的學習方法就是教大家回到孩提時代的學習模式。

　　我用「學習」這個字不是指蒐集資訊，而是指去認清一些會改變個人行為的東西。這些行為可以是外在行為，例如：網球的擊球；或內在行為，例如：思考模式。我們每個人都會發展一套獨有的行為和思想模式，而每套模式都有它的存在作用。當我們發現可以用更好的方法來發揮相同的作用時，就是作出改變的時候。就以揮擊正手拍後滾動球拍的

習慣來說，這種行為是為了防止球出界，它的存在是為了產生理想的結果。但是當球員發現，適當地使用上旋球就能夠使球留在場內，而且能避免隨揮滾拍而出錯的風險，那就準備把舊習慣淘汰吧。

　　然而，如果你缺乏適當的替代方案，那就難以打破舊習慣。當我們以道德化的態度對待網球比賽，往往就會出現這種困局。假如：球員在書上看到滾動球拍是錯誤的做法，卻又沒有說明能讓球不出界的更好方法，如果他怕球飛出場外，他就要以無比的意志力保持球拍平直。可以肯定，這位球員一旦上場比賽，一定會改用原來那種不會令球飛出場外、又能帶來安全感的擊球方法。

　　指責現有的行為模式（比方說現在不完美的擊球方法），並認為它「很糟糕」，並不會帶來幫助。比較有幫助的做法是找出這些習慣所帶來的作用。因此，假如能學習用更好的方法達到同樣目的，我們大可以去做。我們從來不重複任何沒有作用或目的的行為。要知道，當我們一直因為抱持「壞習慣」而自責時，就很難認清任何行為模式的作用。但只要我們停止壓抑或糾正這些習慣，就自然能夠看到它們的作用，然後，另一種具備同樣作用而且更好的替代行為模式就會自然浮現。

習慣的慣性理論

　　你應該聽過許多有關網球員養成擊球慣性的言論。其實理論很簡單：每次你用某種方式揮拍，都在提高重複用這種揮拍方式的機率。這種方法模式稱為慣性（grooves），也就是累積著自我重複的傾向。高爾夫球員也用同樣的術語，就好像神經系統如同唱片的原理一樣。每次當一種行為出現，大腦的微細胞就會製造一個輕微印象，就像一片葉子飄過沙灘留下微弱痕跡一樣。當同樣的行為重複出現，慣性的溝槽就會稍微加深。經過多次同樣行為後，慣性的溝槽就會變得清晰可見，讓行為的指針自然掉落溝槽。

　　由於這些模式都有它的作用，因此行為本身就會被強化或獎勵並繼續發生。神經系統的慣性溝槽越深，就越難打破舊習慣。我們都有過決定摒棄某種擊球方式的經驗。譬如說，用眼睛緊盯著球應該是很簡單的事情，尤其是當你明白這樣做的好處，但我們卻偏偏一再讓球離開自己的視線。事實上，當我們越努力想打破舊習慣，往往會越難擺脫這些習慣。

　　當你觀看一位球員正在努力糾正滾動球拍的習慣，通常會看到他咬緊牙關，發揮全部意志力來擺脫原來的慣性。注

意看他的球拍，你會看到當球拍擊球後會按照舊模式開始滾動，然後他的肌肉會緊繃起來，並且強迫球拍恢復平直。你可以看到在舊習慣停止與新的意志力出現之間的猶豫不決。如果有可能打破舊習慣，球員往往必須經歷一段長時間的掙扎和沮喪，才能打贏這場戰爭。

要衝破深刻的精神慣性是很痛苦的過程，就像要把自己從深溝裏挖出來一樣。但我們可以用自然和更童真的學習方法。小孩子不需要把自己從舊慣性挖出來，他只要直接開始一個新慣性。慣性也許已經存在，但你可以不在其中，除非你把自己放進慣性裏。每當你認為自己已經受困於壞習慣，你總會想衝破它。而小孩之所以不需要打破爬行的習慣，是因為他不覺得這是個習慣。當他發現走路讓他能更容易到處移動，就直接放棄爬行。

習慣是對過去的聲明，而過去已經消逝。假如你選擇走進這溝槽的話，在神經系統裏可能已經有一條深刻的慣性溝槽，引領你的正拍滾動。另一方面，你的肌肉其實一直都有能力平向揮拍，沒必要縮緊所有手臂肌肉來保持球拍平直。其實滾動球拍比保持球拍平直需要用到更多肌肉。但為了抵抗對舊習慣的幻想，盡責的網球員往往會毫無意義地緊縮肌肉。

　　總而言之，你根本沒必要對抗舊習慣，只需要開創新習慣。對抗舊習慣只會把你推進深溝裏。撇開想像中的困難點，採用童真的方式，輕鬆地開啟新模式。這一點你大可以透過親身體驗來證明。

循序漸進，改變擊球方式

　　以下簡述我們一直被灌輸的傳統學習方式，和「內心比賽」的學習方式作個比較。你只要用這種方法去實驗看看，就能找到讓你作出改變的可行方式。

第1步：不帶批判的觀察

　　你想從哪裏開始改變？你最需要注意球賽的哪個部分？你認為最糟的擊球方式不一定是最適合作出改變的。最好是選擇一種你最想改變的擊球方式，要讓擊球方式告訴你它想不想改變。當你想改變適合改變的事物時，改變的過程就會自然而然的發生。

　　舉例來說：假設你決定把注意力放在發球上。第一步是忘記一切你認為你的發球有問題的想法。排除所有之前的想法，開始發球時不去刻意控制擊球方式。以新鮮的心態觀察

你當下的發球，無論它是好是壞，都任由它墜入自己的慣性裏，並開始對它產生興趣和盡情感受它。開始行動之前，注意自己是如何站立和分配重心，檢查自己的握拍方式和球拍的位置。記住，不要做任何修正，只是純粹觀察而不干預。

下一步是連結到發球動作的節奏，感受球拍揮動的路徑，然後做幾次發球，專心觀看手腕的動作。這時你的手腕是充滿彈性，還是緊繃？它能完全抓緊，還是未完全抓牢？只須純粹觀察。也請同時觀察這幾次發球的拋球方式，體驗拋球的動作。球是否每次都拋到同樣的定點？定點在哪裏？最後是留意自己的隨揮動作。不用多久你就會覺得對自己的發球瞭如指掌，就像是剛剛才養成的慣性。此外，你也會知道動作的結果，也就是球掛網的數量、擊到對手場內的球的速度和準確度等。你只要覺察事實，不帶批判，感覺會很輕鬆，也是作出改變之前的最佳狀態。

你在觀察期間很可能會不經意的作出一些改變，如果是這樣，就讓它繼續改變，因為無意識的改變沒什麼不對，並避免以複雜的思考模式去改變，也不需要提醒自己該怎麼做。

花大約五分鐘觀看和感覺自己的發球以後，你就會很清

楚知道需要特別注意哪些擊球元素。問問你的發球希望有什麼不一樣，也許它希望節奏更流暢、希望更有力或更多旋轉。假如百分之九十的球都掛網，需要改變之處自然顯而易見。在任何情況下，你都應該讓自己好好去感受最希望改變的部分，然後再多觀察幾次發球。

第2步：描繪想要的結果

假設你希望發球更有力量，下一步就是要描繪更有力的發球，其中一種做法是：觀看其他人發球時充滿力量的動作。不要過度分析，只是純粹吸收所看見的一切，並嘗試感受他的感覺，聆聽球撞擊球拍後的聲音，並觀看結果。然後花一點時間想像自己用自然的擊球方式用力擊球。在思想的眼睛裏，描繪自己發球的模樣，盡量注入視覺和觸覺的細節、聆聽撞擊的聲音，並觀看球飛進對手場內的速度。

第3步：相信自我2

再次發球，不要刻意控制擊球動作，尤其要抗拒更用力擊球的誘惑。只要單純讓發球自由發揮，想要更有力量，就讓它自然發生。這不是變魔術，而是要讓身體有機會去發掘新的可能性。但無論結果如何，都不要讓自我1插手。如果未能馬上提升力量，不要勉強去做。你要信任整個過程，讓

它自然發生。

如果過了一陣子發球的力量依然沒有增加，你可能需要回到步驟1，問問自己到底是什麼阻礙了速度。假如你找不到答案，可以請職業球員幫忙。例如：職業球員觀察到在你揮拍的最高點，你的手腕未能發揮最大揮擊力量。他也許會發現原因是你握拍太緊而失去彈性。而緊握球拍和用僵硬的手腕揮拍的習慣，通常是因為刻意用力擊球所致。

體驗一下用不同的鬆緊度握拍的感覺，讓手腕告訴你用完整而有彈性的弧形方式移動是什麼感覺。不要以為有人告訴過你，你就會了解。必須讓自己親身感覺手腕的動作。如果你有任何疑問，請職業球員為你示範動作，而不是只用嘴巴告訴你。然後，在你思想的國度裏，想像自己的發球動作，這次要特別觀看手腕從完全待發姿勢到舉向天空，然後向下俯衝以隨揮指向球場的整個動作。當你把新的手腕動作影像固定下來，就可以再次發球。記住，如果你嘗試用手腕猛然擊球，很可能會握得太緊，應該任由手腕放開，讓它保持彈性，容許它隨意以不斷增加的弧度揮擊，而且要鼓勵而不是強迫它。要知道不嘗試不代表鬆懈，而是去探索其中真正的含意。

第4步：不帶批判地觀察改變與結果

既然要讓自己自由發球，你的工作就是單純觀察，觀看整個過程而不操控，就算是幫忙也不能。你越能讓自己信任運作的自然過程，就越不容易陷入過度用力嘗試、批判和思考的慣常干預模式，以及事後無可避免的沮喪感。

在過程中不去重視球的去向，這一點也非常重要。改變擊球的特定元素後，就會影響其他元素。手腕的猛擊頻率增加，節奏和時間元素也會改變。最初這個改變會帶來不穩定性，但如果你繼續這個過程，讓發球自由發揮，同時全神貫注並耐心學習，其他發球元素自然就會作出必要的調整。

由於你的力量並非全部來自手腕，因此當你形成猛擊的慣性後，可以把注意力轉移到拋球、平衡或其他元素上。觀察它們，並讓改變自然發生。繼續發球，直到你有理由相信已經建立慣性為止。要測試慣性是否存在，只要發幾次球，其間把注意力完全放在球上。把球拋到空中時，全神貫注看著球的縫合線，確保你的思想不會告訴你的身體該做什麼。如果發球以新的方式自由發揮，表示慣性已經自動展開了。

學習的慣常方法

第1步　批評或評判過去行為

例子：我今天的正拍又打得超爛……真糟糕，為什麼總是接不到這些簡單的球？……我沒有按照教練上一堂課的指示去做。你之前的回合球打得很好，現在卻打得比你阿嬤還糟糕……$%#¢*#¢$！

（通常是用責備和鄙視的口氣，說出這些話。）

第2步　一再透過言詞，命令自己改變

例子：把拍子放低、把拍子放低、把拍子放低。向前去接球，再向前，再向前……唉，真糟糕，來不及了！不要抽動手腕、保持穩定……你這個笨蛋，你又犯了……這次要拋出又好又高的球，然後舉拍揮擊，要記住快速猛折手腕，但不要改變發球期間的握拍方式。這一球要打到對角。

第3步　努力嘗試，讓自己做出正確的動作

在這個步驟，自我1告訴自我2要做些什麼，並試圖控制所有行動。你用了不必要的身體和臉部肌肉。緊繃的感覺妨礙了擊球的流暢度和動作的準確性。你完全不信任自我2。

第4步　對結果的批判評語導致自我1的惡性循環

當你努力嘗試把一個動作做「對」，難免會變得因失敗而沮喪，或因為成功而焦慮。這兩種情緒都會令人分心，並阻礙對過程的全面體驗。對努力後的結果作負面批評，通常會令人之後更努力嘗試，而正面評語，則會令人強迫自己在下次擊球時使用同樣模式。在這種情況下，正面和負面的想法都會斷絕自發性的發生。

「內心比賽」的學習方法

第1步　不帶批判眼光，觀察現有行為

例子：剛才的三次反拍，球的落點遠了一點，超出大約兩呎。我的球拍似乎有點猶豫，沒有做到全程隨揮。我也許應該觀察拉拍的水平……它在我的腰以上太高的位置……那一球應該使用更快的揮擊速度，同時球要落在場內。

（你是用感興趣且不干預的口氣，說出這些話。）

第2步　描繪理想結果

不作任何評論，只要求自我2以理想的方式，達到理想的結果。自我2要以視覺影像和感受行動呈現理想擊球的元

素。如果你希望球飛到對角的角落，只要想像球到達目標的所需路徑。不要試圖糾正過去的錯誤。

第3步　讓它自然而然發生！相信自我2

當你要求自己的身體做出某些動作，就要讓它自由發揮。身體受到信賴，不受思想的刻意控制。自由發揮發球的動作，讓自我2去努力，自我1不作任何嘗試。讓它自然發生不代表鬆懈，意思是讓自我2只使用必要的肌肉去做事，不強迫任何事情。繼續整個過程，要樂意讓自我2在須改變的範圍內作出改變，直到自然形成慣性為止。

第4步　不帶批判、冷靜觀察結果
　　　　邁向持續觀察和學習的道路

球員雖然已掌握了自己的目標，但他們在過程中不會感情用事，從而能冷靜觀看結果和體驗整個過程。這樣做最能集中精神，並以最快的速度學習；一旦結果與賦予的影像不一致，你才需要改變，否則就只需持續觀察正在進行改變的行為即可。觀看它的改變，但不要刻意改變。

整個過程非常簡單，重點是：體驗它，卻不要把它當作知識一般去思考與研討。問自己想要做些什麼，然後讓它自

然發生，避免有意識地去作出嘗試。對大多數人來說，這是令人驚訝的經驗，結果卻是有目共睹。

你可以在場內或場外的大部分狀況下運用這種學習方法。越能讓自己在球場上無拘無束的表現，就越能從人體這套美麗的機制中獲得信心。你越信任它，它就變得越能幹。

小心自我1捲土重來

但我必須先指出一個陷阱。我注意到當學生讓打球過程自然發生，且球技驚人改進後，隔天他們又會回到盡力嘗試的老路。令人驚訝的是：雖然他們的球技表現更差，卻似乎毫不介意。起初我很困惑，如果結果是明顯比較差，他們為什麼還要再讓自我1操控比賽呢？我必須親自找到答案。結果我發現：這兩種擊球方式能帶來完全不同的滿足感。當你努力嘗試正確擊球，而且表現不錯，你會贏得某種程度的自我滿足。你覺得自己在掌控、是大局的控制者。但當你純粹讓發球自由發揮，其結果似乎不應該歸功於你，感覺不是你在擊球。你對身體的能力感覺不錯，甚至對結果感到驚訝，但功勞和個人成就感卻由另一種滿足感取代。假如球員上場的目的主要是為了滿足自我的需要，並排除對自我的懷疑，

那麼即使結果比較差，他也很可能會選擇讓自我 1 扮演主要角色。

歸功於自我 2

當球員體驗到「放手」和讓自我 2 自由發揮的真正意義，他的擊球不止更準確有力，即使在進行快速動作時，也會感覺到一股放鬆的愉悅。正當試圖重複這種表現品質時，球員往往會讓自我 1 回到現場並提示自己：「我知道比賽的祕密了，現在我只需要放鬆。」但當我一旦嘗試令自己放鬆，真正的放鬆就消失了，然後被一種奇怪的現象叫「嘗試放鬆」取而代之。放鬆只會在被容許的情況下出現，而不是來自「嘗試」或「創造」。

不要期待自我 1 會馬上完全放棄操控，只有在球員進一步學會集中精神，同時放鬆的藝術後，自我 1 才能開始找到最適合他扮演的角色。

第七章

專注：學習集中注意力

　　到目前為止，我們一直討論放棄自我 1 的操控，同時讓自我 2 參與比賽的藝術。我們主要著重在提供實例，說明放棄自我批判、過度思考、過分努力嘗試等各種過度操控的形式，所帶來的價值。儘管讀者完全信服讓自我 1 完全沉默的價值，但這可是得來不易。根據我多年的經驗，最有效讓思想平靜的方法不是告訴他閉嘴或與他爭辯，又或者因為他批評自己而批評他。與思想抗衡並非可行之道，**最有效的方法是學習專注**。本章的主題是學習專注，無論我們已將這門基礎藝術學習到何種程度，它對我們做其他許多事情都有幫助。

　　奇怪的是，即使我們已實際上體驗到靜止思想的好處，卻依然覺得它難以捉摸。儘管我知道，讓自發性的自我 2 掌控局面能讓我發揮最佳表現，但我內心會一直有股衝動去想自己是如何做到的，好進一步制訂公式，把它帶進自我 1 的領域，以便感覺自己能掌控一切。有時我會把這股衝動視為頑固的自我 1 想爭功、扮演自己無法勝任的角色，並在過程中產生無盡的干擾思緒，扭曲著自己的觀感和反應。

　　我在剛開始探索「內心比賽」時，發現自己在發球時幾乎能放下所有意識上的努力，結果能罕見的保持發球的穩定性和力道。在大約兩週內，我有百分之九十的第一發都落在場內，沒有一次雙發失誤。我的職業球員室友有一天要跟我

比賽，我接受了，而且還半開玩笑地說：「你最好小心點，我已經找到發球的祕訣了。」隔天我們對打，我居然在第一局就打出兩次雙發失誤！在我嘗試運用一些「祕訣」之際，自我1以「嘗試放手」的隱晦偽裝再次回到現場，企圖在我室友面前炫耀和邀功。雖然我馬上發現了，但自發且輕鬆的發球魔法卻久久無法恢復以往的單純。

　　簡而言之，要摒棄自我1和他帶來的干擾並不容易。了解問題的癥結會有幫助，但實際示範的幫助更大，而練習拋開自我1的過程則會帶來最大助力。無論如何，我不相信可以單靠放手（也就是單純透過被動的過程）就能控制思想。要讓思想靜止，必須學習把它安置在某個地方，不能只是放手。必須要讓它專注。如果靜止思想旨在帶來巔峰表現，我們就要探討要把它放在哪裏，以及怎樣讓它專注。

　　人一旦專注，思想就會安靜下來。思想一旦保持在當下，就會變得平靜。專注的意思是讓思想維持在此時、此地。放鬆的專注（relaxed concentration）是至高無上的藝術，因為任何藝術沒有它是不可能達成的。反之，它可以達成很多事。任何人若沒有學習專注，將無法在網球或其他領域發揮潛能的極限。更值得注意的是，網球可以成為培養專注技巧的絕佳媒介。透過打網球學習專注，可以培養出一種

技巧，進而全面提高生命中的其他表現。

　　練習（practice）是學習專注的不二法門。除了睡覺以外，任何時間或情況下你都可以練習。在網球世界，最方便和實際的專注目標是網球本身。大家最常引用的網球格言是：「看著球」，但很少球員能看得清楚。這個指令只是要讓球員「注意」球，不是要你對球多加思索、思考這次擊球的難易度、該如何揮拍、或思考湯姆、迪克或哈利對我擊球的成敗會怎麼想。專注的心只會針對達成手上任務的必要環節，不受到其他思想和外在事件的干擾，也就是全神貫注在與當下相關的事物。

看著球

　　看著球的意思是：集中注意力在球身上。我發現透過視覺加深注意力的最有效方法是：專注在一些不容易察覺的隱晦事物上。你可以很容易看到球，但卻不容易注意到球旋轉時由縫合線構成的模式。觀察縫合線的練習可以產生很有趣的結果：經過短時間的練習，且與純粹「看著」球相較下，球員更能清楚看到球的動態。當你在尋找由縫合線構成的模式時，你會很自然看著球，直到它碰到球拍，並且比以前更

容易集中精神。你對球的注意力應該是從球離開對手球拍的一刻開始，直到它碰到你的球拍為止。（有時候球甚至看起來比較大或移動得比較慢，這些都是真正專注的自然結果。）

然而，專注在縫合線，除了能把球看得更清楚之外，還有其他好處。由於旋轉球的構成模式十分複雜，因此能讓思想更能完全投入。你的思想非常融入於觀看縫合線構成的模式，進而忘記過度努力嘗試，甚至到了被縫合線完全占據的程度，如此一來，自我1就不會干預身體的自然活動。再加上縫合線一直存在於當下，如果思想專注在那上面，就不會去想過去或未來。這項練習能讓球員達致更高層次的專注。

大部分球員進行觀看縫合線的訓練之後，覺得它的助益幾乎是立竿見影。但過一陣子後，他們發現自己又開始思索不休，以及似乎難以持續專注於單一物件上。我們必須面對現實：網球對某些人來說可能是很有趣，但它的確很難抓住躁動的思想，因為這些思想已經習慣於對任何事物分心。

彈擊

所以問題在於：如何長時間保持專注。最好的方法是讓自己對球產生興趣。該怎麼做呢？就是去想無論你一生已看

過多少顆球，你還是對它毫不熟悉。不要假設你已經了解專注是一項強而有力的原則。

你不了解球的一點是：它何時確實會彈起，以及何時會撞擊你或你對手的球拍。我找到也許是最簡單且有效的練習專注方法，我把它稱為：「彈擊」（Bounce-Hit）。

我對學生做出簡單的指示：「你看到球擊中球場地面的一刻就大聲說『彈』（bounce）這個字，在球接觸到任一支球拍的一刻大聲說出『擊』（hit）這個字。」大聲說出這兩個字讓我和學生都有機會聽到字是否與彈擊的動作同步。當學生說「彈…擊…彈…擊…彈…擊…彈…」，不但能讓他目不轉睛地看著球每次交替時的四個最主要位置，而聆聽球彈和擊的節奏，似乎也有助於維持更長時間的注意力。

結果就和任何有效的專心一樣，練習讓球員從球本身獲得更好的反饋，同時有助於他清除分散的思想。他很難一面說著：「彈一擊」，又同時過分指導自己、過分努力嘗試、或擔心分數。

我發現初學者在學習有效的步法和初級擊球時，往往能夠在十五或二十分鐘內不加思索且持續地從底線打出頗長的交替球，而自我1則是忙於追蹤彈和擊的動作。同時我也赫

然發現，許多進階球員練習時會碰到較多的難題，因為他們想得比較多，並認為必須做出一定動作才能有好表現。一旦嘗試放掉操控的想法，只專注在彈和擊的實驗後，他們往往會感到十分驚訝，有時候甚至對自我2的傑出表現感到有點尷尬，因為他們放棄了平常自認為對比賽較有貢獻的自我1之思考過程。

　　要保持對球的興趣的其中一個簡單方法是：把它視為動態物件，而不是靜物。注視縫合線無疑能幫助你專注在物件本身，但增加對每個球的動態意識（也就是球朝你飛來，以及你揮拍後球飛往對手的路徑），也是同樣重要。比賽時我最喜歡專注在每次擊球的軌跡，包括我的和對手的在內。我會注意球過網的高度、球的表面速度，並極度關注球彈開後的上升角度。我同時也會觀察球在接觸球拍前一刻是在上升、下降、還是已到達頂點。我對自己的擊球軌跡也同樣注意，很快我就對每次交替擊球的節奏越來越了解，並提升我的預測能力。我持續沉迷於這種視覺和聽覺的節奏，進而在思緒不受干擾的情況下延長專注的時間。

　　專注不能靠用力盯著一件東西看來達成。它既不是要強迫自己專注，也不是要你努力去想一樣東西。一旦對事物發生興趣，你就會自然開始專注。在此情況下，思想會無可抗

拒地被感興趣的事物（或主題）吸引過去。整個過程輕鬆而毫不費力，也不會緊張和過度操控。你在看著球時要讓自己進入專注狀態，如果你的眼睛出現斜視或緊繃，就表示你太用力嘗試。或者是，你發現你在責備自己不專注，就表示你可能是過度操控。讓球吸引你的思想，思想和肌肉才會適度放鬆。

聆聽球的聲音

球員很少會聆聽球的聲音，但我發現這個專注方法很有價值。球撞擊到球拍會發出一種獨特的聲音，而且視它與「甜區」（sweet spot，球拍拍面的中心點）有多近、球拍表面的角度、重心的分布和與球接觸的位置而定，音質會有各種變化。如果仔細一一聆聽每個球的聲音，你很快就能分辨多種不同的聲音類型和音質。同時，你也可能很快就可以分辨一個很乾脆的正拍上旋球的聲音，和擊中稍微偏離球拍中心的正拍下旋球的聲音。你也會開始認識平反拍的聲音，並分辨出它與開放性擊球的聲音之差異。

有一天，當我以這種專注模式練習發球，我的擊球表現變得異常出色。我可以聽到清晰的劈啪聲，而不是一般的撞

擊聲音。

　　這聲音聽起來美妙極了，而且球更具速度感和準確性。當我知道自己的發球有多棒，我抗拒了尋找原因的誘惑，只要求自己的身體再次做出產生劈啪聲所需要的動作。我把聲音保留在記憶裏。而我驚訝發現，我的身體居然能一再製造出這種聲音。

　　透過這次經驗，我學習到記住某些聲音，可以成為大腦內建電腦的有效提示。球員聆聽正拍的聲音時，可以記住擊球發出的聲音，最終身體就會重複製造能發出這聲音的行為元素。這種技術對學習各種發球方式特別有用，因為平擊、切削球和旋轉球發球所發出的聲音都明顯不同。同樣的，球員也可以透過仔細聆聽第一發時的旋轉速度所發出的聲音，而在第二發時達到理想的旋轉速度。還有，截擊時聆聽球的聲音，可以改善截擊步法和球拍技巧。一旦在恰當時機確實截擊球，整個動作將會產生美妙而難忘的聲音。

　　有些球員發現，聽球的聲音比看縫合線更能讓精神集中，因為這是他們從沒做過的事。但事實上，你絕對能在打每一球時同時運用兩種專注方法。因為你只需要在擊球那一刻聆聽球聲。

我發現最好是在練習時同時學習聆聽球聲。若在練習時就能對聲音變得更敏感，你會發現比賽時你會自動用聲音來鼓勵自己一再打出穩健好球。這種習慣會增加穩健好球的數量。

感覺

我十二歲時聽到職業教練說我的雙打拍檔「很清楚拍頭的位置」時，我不知道這是什麼意思。但我感覺到它的重要性，而且把這句話銘記於心。很少球員明白當他們手握球拍時，專注於握拍的感覺是一件很重要的事。每次擊球時，球員都必須知道兩件事：球在哪裏和球拍在哪裏。錯失其中一項，麻煩就大了。大多數球員都學會把視覺注意力放在球上，但他們大部分時間對球拍拍頭的位置卻只有模糊的概念。了解球拍位置的關鍵時刻是：當球拍在你身後的時候，而這要靠你集中注意力去感覺。

打正拍時，你的手是距離球拍的中心點一呎以上，這表示你手腕的角度只要稍作改變，就會造成球拍中心位置的明顯差異。同樣的，球拍表面角度的細微變化，也會嚴重影響球的軌跡。事實上，假如球拍表面偏離四分之一吋，從底線

到底線的擊球就足以偏離六呎以上。因此，要穩定和準確地揮拍，你必須培養異常敏銳的感覺。

做一些身體的「敏感度訓練」對每位球員都很有幫助。最簡單的訓練方法是：練習時集中注意自己的身體。最理想的做法是：別人丟球給你，或由你自己擊球，讓球每一次都會彈到幾乎同一個定點上。這時，你不要把注意力完全放在球上，才能領悟到自己擊球的感覺。應該花點時間去純粹感受拉拍時球拍的確切路徑，把注意力集中在手臂和手掌向前揮動擊球時的感覺。同時，也要更敏銳地感受握把在手中，以及你手握握把的力道。

有許多方法可以提升球員對於肌肉感覺的意識，方法之一是：慢動作擊球。每一球都以練習的形式進行，把所有注意力集中在身體移動的部分。認清擊球的每吋動作，以及身上每塊肌肉的感覺。然後當你把擊球速度增加到正常水平並開始擊球，你會對某些肌肉特別有意識。例如：當我打出最好的反拍時，我知道是肩膀的肌肉而不是前臂在拉動我的手臂。我在打反拍前會記住這種肌肉的感覺，然後就能完全發揮它帶來的力量。同樣的，打正拍時，當球拍降到球下面，我會特別意識到三頭肌。由於對這塊肌肉的感覺變得敏銳，我就比較不會把球拍拉回太高的位置。

對節奏具有更強的意識也很有好處。練習時你只要注意每次擊球的節奏，就能顯著改進對力道和時間的掌握。每位球員都有自己的自然節奏。如果你學會專注在節奏感上，就不難進入最自然且有效的節奏。節奏是不可能以過分刻意的方式培養而得，你必須讓它自然發生。但透過專注來培養對節奏的敏感度會有幫助。練習把注意力集中在球拍路徑感覺的球員，往往會發現無需刻意費力，擊球的過程就會變慢和簡化。快速抽動和花俏的動作都不見了，穩定性和力量則隨之提升。

正如提高對球聲的意識能帶來幫助，練習專注在球撞擊時的感覺，也同樣有用。你甚至可以注意到球撞擊球拍時傳送到手部的震盪感。由於撞擊的位置、重心的分布，和球拍表面的角度不同，這種感覺有著細微的差異。同樣的，你可以在打出好球後盡量準確地記住手部、手腕和手臂的感覺，從而打出最佳結果。練習這種感覺可發展出名為「觸碰」（touch）的感覺，對於打過網急墜球和高吊球特別有利。

簡而言之，要意識到自己的身體。知道身體做各種姿勢時的感覺，以及揮拍的感覺。記住：你想著身體該如何移動，就不太可能去感受或看清任何事情，你要忘記應該做什麼並體驗當下。在網球的世界只有一、兩項元素需要透過視

覺才能意識到，但卻有許多元素需要靠感覺。開拓對身體的感覺認知，會讓你的技巧加速進步。

在這幾頁，我們已討論鍛煉五種感官其中三種的方法，以及如何開拓意識，以便接收從這三種感官而來的感覺。不要按照網球的該做與不該做的守則去練習，而是要根據自己的節奏逐一練習。

據我所知，味覺和嗅覺都不是打網球成功的關鍵。如果你喜歡，可以在網球比賽後用餐時練習這兩種感覺。

專注的理論

上述練習能加快你學習精湛網球技術的速度，但有一個重點我們不能略過。雖然專注有助你打網球，但打網球也同樣有助你專注。學習專注是一種可以廣泛應用的基本技巧，就讓我在這裏對有興趣的人士概要介紹一些專注的理論。

我們在網球場上的一切體驗都是透過意識傳達給我們，也就是透過我們內在的意識而來。是意識帶來對視覺、聲音、感覺和思想的知覺，結合成所謂「經驗」。

你不可能在意識以外體驗任何事情，這是不言而喻的事

實。意識讓所有事物變成可以認知。沒有意識，眼睛不能看、耳朵不能聽、大腦不能思考。意識就像純粹的光能量，它的力量是讓你認知事物，正如電燈讓你看見物件。意識可被稱為燈光，因為透過它的光，你才能看見所有其他的燈。

人體用以進行意識的光能量，是透過幾種有限架構進行認知，分別成為五感和思維。眼睛認知視野、耳朵認知聲音、思維認知概念、事實和構想。所有發生在我們身上的事，以及我們所做的一切事，都是透過意識的光能量而得知。

現在你的意識是透過眼睛和思維對這個句子中的文字進行認知，但你的注意力範圍內還在發生其他事情。如果你停下來仔細聆聽耳朵傳來的聲音，必定能聽到一些聲音是你之前沒有意識到，卻在你閱讀時一直存在著的聲音。假如你現在仔細聆聽這些聲音，你會聽得更清楚，也就是說：你能夠更了解它們。你大概沒有意識到舌頭在嘴巴裏的感覺，但讀完前面的文字後，現在很可能已經意識到了。當你在解讀或聆聽身邊的景象和聲音時，你沒有意識到舌頭的感覺，但只要稍微提醒一下，思維就會把注意力從這一方引領到那一方。當你集中注意力，它就開始認識這個地方。注意力是集中的意識，而意識就是認知的力量。

　　以此類推，如果意識就像黑暗森林裏點亮的電燈，透過這盞燈，你可以在若干半徑範圍內看見和認識這森林。物件與燈的距離越近，就越能被照亮，而細節也越容易看得見。物件離燈越遠，你看得越模糊。但如果你在燈的周圍裝上反射器，讓它變成探射燈，所有光線便會投射到一個方向。現在在光線照射路徑中的物件顯得更清晰，許多之前「消失在黑暗中」的物件也開始浮現。這就是注意力聚焦的力量。然而，如果探射燈的鏡片髒了，或鏡片裏面的氣泡讓光線折射，又或者燈搖擺不定，光束就會分散，並且喪失部分焦點和清晰度。分心就像電燈上的髒污或搖擺不定的燈，讓亮度明顯下降。

　　意識的光可以聚焦在有感的外在物件，或內在的思想和感覺。注意力可以聚焦在寬廣或狹窄的光束裏。寬廣的聚焦是企圖要一口氣看到最大片的森林，而狹窄的聚焦則是要把注意力引導至特定的目標，例如：特定樹枝上的特定葉子之葉脈。

網球場的當下

　　回到網球場。觀察球的縫合線是注意力的狹窄焦點，能

有效阻絕緊張情緒和對其他無關事物的注意力。感受身體的感覺是較寬廣的聚焦，透過吸收多種不同感覺，有助網球的學習。感受風的感覺、對手的動作、球的軌跡和體內的感覺，是更寬廣的焦點，但可能與現在要履行的任務很相關。它依然是在聚焦的狀態，因為它排除了所有不相關的部分，並照亮了所有相關的部分。我必須提到與焦點相關的一點：它永遠存在於當下。也就是說：它就是此時此地。本章的第一部分建議過幾種以「此地」作為專注的標的。縫合線把意識集中在空間，而不單純在球本身。把網球比賽的每一元素的意識加總起來（從球的聲音到對每次擊球的每個部分的感覺）後，你就會吸取更豐富的知識。

　　但你也必須學習把意識集中在「此時」。意思是：接收目前發生的事情。你的專注力會流失的最大原因，就是讓思想去預想即將會發生的事，或糾結在已經發生的事上。思想很容易沉溺在「假如」的世界裏，它在想：「假如我輸了這一分，我就會在他這個發球局後變成3比5落後。假如我不能破他的發球局，第一盤就沒希望了，甚至會輸掉這場比賽……瑪莎聽到我輸給喬治，她會怎樣……。」這一刻你的思想往往會陷入小小的夢幻中，幻想著瑪莎聽到你輸給喬治的反應。再回到現在，雙方比數依然是3-4，30-40，你勉強

意識到自己是在球場上，而當下巔峰表現所需的意識能量都已經悄悄溜進想像中的未來。

　　同樣的，思想也常常把人的注意力帶回過去。「假如線審不說剛才那一球發球出界，比數就會是平分（deuce），我就不會陷入這種混亂局面。上週也發生同樣狀況，結果害我輸掉比賽，我真是信心盡失，現在又再重蹈覆轍！這到底是怎麼回事？」網球美妙之處在於過沒多久你或對手總要擊球，這會召喚你返回當下。但你還是有一部分能量被留在過去或將來的世界裏，因此你無法以完整意識的燈光看到當下。結果物件看起來昏暗無光、球好像來得更快、看起來更小，而連球場也好像縮小了。

　　由於思想有自己的意志，你又怎麼能學會把它留在當下？唯有透過練習，別無他法。每次你的思想開始溜走，只能夠把它輕輕帶回來。我習慣用一部有多種速度的發球機和簡單的練習，幫助球員體驗「活在當下」的意思。我要求學生以截擊的姿勢站在網前，然後我會把發球機設定在四分之三的發球速度。他們從剛開始的隨意，突然變得更警覺。起初球對他們來說好像太快，但很快他們的反應速度就提升了。我把發球機的速度逐漸調快，截擊手也變得更加專注。當他們的反應快到足以截擊最快速的球，並相信自己已經達

到專注的巔峰，我會把發球機移到中場，比之前靠近十五
呎。這時學生往往會因為恐懼程度增加而流失一點專注力。
他們的前臂會有些緊張，讓他們的動作不如之前那麼快和準
確。「放鬆你的前臂、放鬆你的思想、純然放鬆投入當下、
聚焦在球的縫合線，讓擊球自然發生。」很快他們又能再次
用球拍的中心點揮擊眼前的球，期間沒有人露出自滿的笑
容，只是完全融入每一刻。之後有些球員說球好像變慢了，
有些則強調沒有時間去思考就擊球有些奇怪。任何人只要稍
微進入這個活在當下的狀態，都會體驗到一份平靜和某種程
度的喜悅，並且樂此不疲。

　　提升警覺性對截擊的實際結果是立竿見影的。許多截擊
的失誤都是因為球員在後方太遠的位置擊球，或偏離中心
點。對當下狀況有更強意識，可以讓你更易於掌握球的去
向，以及隨時瞬間作出擊球反應。有些人認為站在網前要接
打對手的強力球會來不及反應。但時間是有相對性的，真的
有可能讓它慢下來。試想一下：每一秒有一千毫秒，這是非
常多的毫秒。警覺性是測量在特定期間內你警覺到多少個現
在。結果很簡單：只要你學會當下保持注意力，你就會對周
遭發生的一切變得更警覺。

　　練習活在當下之後，我發現我可以把我接發球的位置，

從站在底線改成發球線後僅僅一呎的地方。如果我持續專注和放鬆，甚至可以把對手的快速發球看清楚至「讓它及時慢下來」的地步，在球彈開的一瞬間作出反應和接球。我沒時間去拉拍，也沒有時間去想自己在做什麼，或在什麼位置擊球。只有平靜的專注，以及用同步反應去接球和隨揮，才能為球帶來深度和方向。下一刻我會跑到網前，而且是早於發球者到達之前！

發球者看到我站到了發球線來接他的發球，心理上會認為這簡直是對他發球的侮辱；他為了要教訓我，往往會發生雙發失誤。他的下一個難題是：要在一個廣闊空間中回擊不知會從何而來的截擊球。

讀者很自然會想到這種戰術不可能用來對付真正的一流發球。其實不然。經過幾個月對這種接發球的實驗，我發現它可以在比賽中大大派上用場。我越常使用它，反應就變得越快和越準確。專注似乎可以讓時間慢下來，給我所需的意識去看和確定擊球的位置。而我在球上升時就擊球，進而卡死了發球者在球彈開後慣常接球的角度。而且我能夠比發球者更早到達網前，讓我更可以掌控一切。

比賽時的焦點

　　培養專注力，最好是在平常練習的時候。在比賽時，你可以挑一個你覺得最有用的焦點，集中注意力在那上面。舉例來說：如果球的縫合線比較能讓你保持在當下，你就不需要專注在聲音或感覺上。其實你所參加的比賽本來就會幫助你專注。在每一球分出勝負之前，你經常會發現自己處於深度專注的狀態，你只會意識到那一刻所發生的事。關鍵時刻就在這裏！在這一球分出勝負之後，思緒就脫離了對球的專注，自由自在地隨處漫遊。在這一刻你開始想到比數、自己不穩定的反拍、生意、小孩、晚餐等等，都會讓你的能量離開當下。之後就很難在下一球開始前，重拾同樣程度的專注力。

　　如何才能夠在每一球都保持專注呢？我的策略是把注意力集中在呼吸上。這種方法對我的許多學生都很有效。我們需要一些永遠存在於當下的事物或活動，有什麼比呼吸更符合當下的條件？把注意力集中在呼吸，意思是觀察自己以自然節奏進行吸氣、呼氣、吸氣、呼氣，而不是刻意控制呼吸。

　　呼吸是一種非常奇特的現象，無論你是不是故意的，你

都要呼吸；無論是清醒或睡著，它都一直進行。即使我們企圖停止呼吸，有些力量很快會壓倒我們，讓我們繼續呼吸。因此，當我們專注在呼吸，就可以集中注意力，並緊扣著身體的生命能量。同時，呼吸是一種很基本的節奏，有人說人類在呼吸中融匯了宇宙的節奏。當思想與呼吸的節奏扣緊，你就會變得投入和平靜。無論在網球場內或場外，我知道沒有其他方法比專注在呼吸過程更能對付焦慮這個問題。焦慮是對未來可能發生的事感到恐懼，它只會在想像未來局面時出現。但當你把注意力集中在當下，就最有機會成功完成目前要採取的行動，將來的結局就成為最好的現在。

所以打完每一分後，在我回到位置或去撿球時，我都會專注在自己的呼吸上。一旦我開始想自己會不會贏得比賽，便會輕輕地把思想帶回到呼吸上，並在自然和基本的呼吸動作中放鬆自己。如此一來，在下一球開始之前，我能夠比上一球你來我往之時更加的專注。這種技巧不僅能幫助我停止對壞球消耗精神，更避免我對超級好球產生自覺。

在自我2的境界打球

本書的第一章有提到球員在表現突出時是如何形容自己

的心境。他們習慣使用像「真的是瘋了似的」、「不知道自己做了什麼事」等用語，現在，用語應該是「在境界內打球」（playing in the zone）。這種心境有趣之處在於：你無法準確地形容它，因為當你處於這種心境時，你一描述它，你就已非處於當下。一旦離開這心境，你會想要記住那一份感覺，但那是很困難的事，你只知道那感覺好得如同魔法一樣。

但儘管你不太清楚這個狀態到底發生了什麼事，你會很清楚沒有發生哪些事。你可以記得你沒有批評自己、也沒有恭賀自己。你沒有思考要如何正確擊球或避免何種擊球方式。你沒有回想過去的擊球或未來的得分，又或者別人會怎麼想和最終結果如何。換句話說，也就是少了自我 1，只剩下自我 2。因為自我 1 不在畫面裏，有時候我們會說：我沒有這樣做，它就這樣發生了。學生一般會用類似這種說法：「我不在那裏」、「好像被其他東西控制了」、「我的球拍這樣做或那樣做……」彷彿球拍有自己的意志一樣。雖然不是由你策劃，但球拍就在這裏，好球也不是意外，而是自我 2 在擊球，也就是說：擊球時少了自我 1 的慣常干擾罷了。

有趣的是，在這個只有自我 2 存在而自我 1 缺席的狀態下，你總覺得很好、擁有更生動的意識狀態，並創造出非凡

表現。它所帶來的感覺可能有別於我們所熱愛的自我感覺良好，而是所謂的和諧、平衡、和平或滿足感。再說，這些感覺可以在局勢非常「緊張」的網球比賽中油然而生。

芝加哥公牛隊的總教練菲爾‧傑克森（Phil Jackson）不僅帶過麥可‧喬丹（Michael Jordan），也率領公牛隊拿下四屆NBA總冠軍（編按：他一共替公牛隊拿到六次總冠軍，後來他到了湖人隊又拿下五次總冠軍）。在他的書《禪師的籃框》（Sacred Hoops）中對自我2的專注狀態作出很好的描述：「籃球是一種複雜的舞蹈，需要以閃電的速度，由一個目標轉移到另一個目標。要勝出，你必須有清晰的頭腦和全神貫注場內每一個人的動態。祕訣是不要思考，意思不是要愚蠢，而是讓喋喋不休的思想安靜下來，這樣你的身體就可以用直覺進行它曾受過訓練的事，而不受思想干擾。我們都具有合而為一的能力。完全融入特定時刻之際，我們與正在做的事情是不可分割的。」

我也讀過波士頓塞爾提克隊（Boston Celtics）知名籃球員比爾‧羅素（Bill Russell）對此境界的描述：「到了那個特殊的程度，所有奇怪的事都會發生……我們簡直就像用慢動作打球。在那期間，我幾乎可以感覺到下一步會如何發展、下一次投籃會在哪裏出手，甚至在別隊發球進界內之

前，我能強烈感覺到而很想對著隊友大喊：『它要往那裏去了！』但我知道如果我這樣做，一切都會改變。我的預感一直很準而且經常出現。我不止對所有塞爾提克的隊友瞭如指掌，也熟悉所有對手球員。他們都了解我這一點。到現在我不會感覺那麼奇怪了，就比較像是……對，就是這樣，事情一直都是這樣的。我們可以專注，可以意識到一切。」

關於「境界」有一點需要警惕：不要被自我 1 操控。我看過許多文章號稱能提供「每次都在境界裏打球」的技術。算了吧！那只是圈套、老掉牙的陷阱。自我 1 就是喜歡在境界裏打球，它尤其喜歡可能出現的結果。所以任何事物只要能保證可以帶你去這個舉世公認的美妙國度，自我 1 都會抓住不放過。但巧妙的是，要到達這個境界的唯一途徑是拋棄自我 1。只要你讓自我 1 帶領你，它就會停滯不前，你就進不了那處。如果你帶自我 1 進去，即使只有片刻，它都會說：「真好，我終於來了。」你就會再次出局。

另一種看待這境界的方式是把它視為一個禮物。你不能向自己要求這份禮物，但可以爭取。如何爭取？透過自身努力？什麼是自身努力？

自身努力要看你的理解而定。我可以說它通常是與努力

做到專注，以及努力擺脫自我1的操控有關。當信任度提高，自我1就會安靜下來。自我2變得更有意識和更活在當下。此時，你的愉悅感提升，因此禮物也交到你的手裏。假如你願意對該讚揚的就讚揚，不只是一味想著你「知道」怎麼做，禮物就會來得更頻繁和持續。

這聽起來可能不太科學，又或者不如你希望的來得容易掌握。但我敢說我已經讓自我2上場大概超過二十五個年頭，當我準備好，它就會自然來臨。我做到的是：謙卑、尊重、不期待、某種程度上把自己的地位放在它之下，而不是它之上。當時機成熟，它就會出現，而我就可以享受沒有自我1的思想和喜悅。我很喜歡這種狀態。想抓住它，它就像滑溜的肥皂般溜走。以為它是理所當然，你就會分心並失去它。我一直以為這個狀態內的一切都是短暫的，最終都會離開我。現在我知道它一直都存在，離開的只有我自己。當我看著一個年幼的小孩，我才發現它其實一直都在守候。當小孩長大，越來越多事情讓思想分心，讓人更難認知它的存在。但自我2可能是唯一早已存在心裏，而且會伴隨你一生的東西。想法和思想來來去去，但幼年的我、真我永遠都在。只要我一息尚存，它都陪伴左右。要好好享受它，欣賞它，它是專注的獻禮。

失去焦點

　　我們實在百思不解為什麼自己會離開當下。當下是唯一讓人享受自我和達成任務的地方和時間。我們的大部分痛苦都是發生在任由思想跑到想像的將來，或埋首的過去。但無論如何，很少人會滿足於眼前發生的事情。一旦你的渴望與現實有出入時，我們就會把思想拉進不現實的世界，結果就是不懂得欣賞目前發生的一切。我們的思想只會在寧可選擇過去或未來的不真實世界時，才會離開當下的真實世界。想要開始了解你是如何失去專注力的，就必須知道自己真正渴望的是什麼。很快我就清楚知道自己的「內心比賽」帶著很多渴望，而不單純只是打球。換句話說，網球不是我在球場上唯一的比賽。達到專注意識的其中一個過程，是要了解和解決這些充滿衝突的渴望，後續的章節將會闡明這個過程。

第八章

球場上的比賽

　　最漫不經心的觀察者都可以看到，除了網球比賽之外，球場上正在上演的，還有別的情境。無論是在鄉村俱樂部、公園，還是私人球場看打球，觀察者都能看到球員正在承受一定的壓力，從輕微的挫折感，到極度憤怒，不一而足。你看見球員垂頭頓足、揮舞握拳、跳著戰舞、例行儀式、請求、誓言和禱告，也看見球員在惱怒或振奮下把球拍丟向天空，或因厭惡自己而用球拍擊打地板。球打到場內卻被判定為界外球，相反的情況也會發生。線審備受威脅、球僮被謾罵，以及朋友的誠信也受到質疑。你也許可以看到球員臉上快速出現羞愧、驕傲、喜悅或失望的表情。這一刻你看到躊躇滿志的滿足感，接下來他卻表現出焦躁不安、趾高氣揚，或者是兵敗如山倒的絕望。球員透過肢體語言和表情，透露出不同程度的怒氣和侵略性。如果觀察者是第一次看人打球，他將很難相信單只是一場比賽當中，就會看到所有這些戲劇橋段。

　　總之，球員對比賽的態度五花八門、數不勝數。你在球場上不僅看到各種情緒反應，更能體會到球員抱持著各自不同的打球動機。有些人只在乎得勝，有些則頑強抗拒被擊敗的事實，但就是無法把握機會贏得賽末點（match point）。很多人不在乎自己打得好不好，只要外表看似不錯就好，有

些人甚至什麼都不在乎。有些人欺騙對手、其他人自我欺騙。有些誇口說自己打得有多好，有些則不斷說自己球打得很差。還有一小群人只為了樂趣和運動一下而打球。

艾瑞克・柏恩（Eric Berne）在他的暢銷書《人間遊戲》（*Games People Play*）中說明隱藏在人類互動下的潛意識比賽。他清楚指出，人際關係只不過是故事的一小部分。這種說法似乎也適用於網球場上。球員若要把球打好，就必須充分了解網球的各種面向。在此我要歸納一下人們在網球場上究竟是在進行哪些「比賽」，也會說明經過我多年的探索，我認為最值得進行的「比賽」是什麼樣的比賽。建議大家閱讀以下說明時，不要把它看作是自我分析的練習，而是深入探索打網球到底有哪些樂趣。如果你的自我把比賽看作是生死之間的掙扎，那就很難享受打網球的樂趣，更無法全神貫注打球。若自我1刻意要在涉及自我形象的比賽爭勝，則自我2將無法發揮你的自發性和卓越表現。然而，如果你能肯定自我1在比賽中扮演的角色，就能擁有一定程度的自由。在此情況下，你可以自行客觀判斷並探索自己認為真正值得投入的比賽。

先簡單說明「比賽」（game）的意義。每場比賽都牽涉到至少一位球員、一個目標、以及球員和其目標之間的某些

障礙、比賽進行的場地（實質上或心理上），以及打球的動機。以下是三種比賽類型，以及比賽的目的和動機。這三種比賽的名稱分別是：**自我感覺良好、朋友**，以及**健康和樂趣**。我們會在球場上和球場外投入這些比賽。在這些主要類別之下，還有一些「次比賽」（subgame），當中包括次目的和次動機。每場次比賽甚至還有許多不同的變化。此外，大部分的人一次會打兩或三種混合式比賽。

主要比賽1：自我感覺良好

常見目的：達成卓越表現

常見動機：證明自己是「很棒」的人

次比賽A：完美的自我

論點：我能打得多好？完美的自我會用「表現的標準」來評量自己。打高爾夫球時會用標準桿；網球則是依自己、家長、教練或朋友的期望。

目的：臻至完美，盡可能達成最高標準。

動機：渴望證明自己的能力。

障礙：

外在：自我對完美的想法，以及其與外在明顯能力之間，總

是存在無法填補的空隙。

內在：自我批判自己，甚至無法按意願沾到臻至完美的邊，以致於灰心氣餒、強迫自己更努力嘗試，並懷疑自己其實一開始就沒有打球的能力。

次比賽 B：好勝的自我

論點：我打得比你好。此處所謂的「好」，是根據其他球員的表現而定，而不是既定的標準。

格言：我說的不是我能打得多好，而是我有沒有贏。

目的：要成為最棒的球員、得到勝利、打敗所有對手。

動機：渴望成為頂尖球員。心態源自於希望受人欽佩，和掌控局面。

障礙：

外在：你身邊總有人能打敗你；年輕世代崛起超越你。

內在：總是存在與他人比較的心態，因此阻礙了自發性行動；視對手而定，自卑和自大感交互出現、害怕被打敗。

次比賽 C：形象的自我

論點：看看我！此處所謂的「好」，是按外表來評量。風格比勝利或真正的能力都來得重要。

目的：要保有美好、亮麗、堅強、鮮明、流暢和優雅的外表。

動機：渴望受人矚目、稱讚。

障礙：

外在：我的外表總是不夠好。你覺得我好看，不代表其他人也覺得我好看。

內在：對於真實的自己感到迷惑。害怕無法討好每個人，並想像自己很孤獨。

主要比賽2：朋友

常見目的：結交朋友或維繫人際關係

常見動機：渴望友誼

次比賽A：地位

論點：我們在鄉村俱樂部打球。你打得多好並不那麼重要，重要的是打球的場所，以及打球的夥伴是誰。

目的：維繫或提升社會地位。

動機：渴望維繫與地位顯赫者之間的友誼

障礙：

外在：攀附上流人士所付出的代價。

內在：害怕喪失社會地位。

次比賽B：齊聚一堂

論點：我所有的好朋友都打網球。我是因為朋友才打球的。
　　　球技太好不是好事。

目的：與朋友相聚，或維繫人際關係。

動機：渴望被接納和友誼。

障礙：

外在：要有時間、場所和朋友。

內在：害怕被排斥。

次比賽C：丈夫或妻子

論點：我丈夫（妻子）常打球，所以我也……

目的：與另一半相處。

動機：害怕寂寞。

障礙：

外在：要成為配偶的好對手。

內在：懷疑這樣是否能克服寂寞感。（也參考上述「完美的
　　　自我」的內在障礙。）

主要比賽3：健康和樂趣

常見目的：心理或生理健康或樂趣

常見動機：健康或樂趣

次比賽 A：健康

論點：按醫生的囑咐打球，或自發性的體能加強或雕琢體態
　　　計畫。

目的：運動、流汗、舒緩心靈。

動機：健康、精力、渴望永遠青春。

障礙：

外在：找到志趣相投者一起打球。

內在：懷疑打網球是否真的有幫助。傾向於變成「完美的自
　　　我」或「自我感覺良好」的類型。

次比賽 B：樂趣

論點：不為爭勝或變得「更好」而打球，純粹是為了樂趣。
　　　（很少依正式比賽形式來打球）

目的：盡情享受樂趣。

動機：愉悅感，如果打得好會更快樂。

障礙：

外在：無。

內在：陷入自我 1 驅動的比賽中。

次比賽C：學習

論點：因自我2渴望學習和成長而打球。

目的：進步。

動機：熱愛學習。

障礙：

外在：無。

內在：傾向於被自我1驅動而打球。

　　（這三種次比賽可以同時進行，不互相干擾。它們都能和自我2天生的渴望和平共處。）

競爭的文化，與自我感覺良好者的崛起

　　我們社會裏有很多「認真」的球員。姑且不論是什麼原因驅使他們打網球，他們打到最後，都會成為某種「自我感覺良好者」。許多人一開始是週末打球運動，以便舒解忙碌生活的壓力，但最後都為自己設下難以達成的目標，而因此變得更挫折、壓力更大，到了最後黯然離開球場。

　　一個人網球打得好不好，怎麼會嚴重到讓人產生焦慮、憤怒、沮喪和自我懷疑呢？這個答案似乎深植於我們的基本文化模式中。我們這個社會是成就導向的，往往是依據人們

在各方面的成就或能力，來評量人們。甚至在我們第一次拿到成績單而受到稱讚或責備之前，我們就因為自己行為的好壞而被愛或被忽略。這個模式往往大聲傳達一個基本訊息：唯有成功，你才會被看作是好人、值得尊崇。當然，什麼是能贏得愛的良好行為，每個家庭設下的標準不同，但往往都是「你的表現等於你的自我價值」，這幾乎舉世皆同。

這真的是一個很沉重的等式，因為它意味著在某種程度上，人們往往都是用成就導向的行動，來判定他們的自我價值。

如果某人高爾夫球打得不好，就表示對他個人或其他人來說，他都不太值得尊重。但打得好的局面卻完全不同。如果他是俱樂部的網球冠軍，他就被認定是贏家，進而成為我們社會裏較有價值的人。緊接著，我們還用才智、容貌和能力來定義出更高一等的人。

如果愛和尊重都源自於某人在競爭的社會裏是否能得勝或表現良好，那麼難免會有很多人覺得自己缺乏愛與尊重，因為有贏家就有輸家，好的表現背後，都有許多表現不良者。當然，這些人會竭盡全力搏取自己缺少的尊重，而贏家也同樣會卯足全力，保有他們贏來的尊重。在這樣的光景

下，我們不難發現為什麼人們會如此重視球技。

但為什麼一定要用能力來評量一個人呢？事實上，誰說我一定要被別人評量呢？到底是誰說的？要跳脫這樣的思考陷阱，你必須清楚知道，人的價值不能單靠表現或任何其他能力標準來評量。我們真的認為人的價值是可以被評量的嗎？拿自己跟其他無法被評量的人作比較，這實在沒有什麼意義。事實上，我們就是自我，不是在某一刻恰好把球技表現出來的那個人。成績單可以評量你的算術能力，卻不能評量你的價值。同樣的，網球比賽的得分，也許說明我能把球打得多好，或是我已經多賣力練習，但它無法定義我這個人，也不能說服我，比賽後的我和比賽之前有所不同。

我對於比賽意義之探索

當我長高到能看到球網的另一邊時，父親就開始叫我學網球。我以輕鬆做運動的態度，和表兄弟與姊姊一起打球，直到我十一歲時，才在加州圓石灘（Pebble Beach）跟當時的網球新秀約翰‧加德納（John Gardiner）正式學習。同年，我首次參加全國硬地網球錦標賽的「11歲以下」分組比賽。比賽前一晚，我夢到自己爆冷門贏得冠軍，當場覺得光

彩無比。結果我的第一場比賽，雖然有點緊張，卻輕鬆獲勝。第二場比賽的對手是二號種子球員，最終我以 6-3、6-4 敗陣，我掩面痛哭。我完全不了解自己為什麼會那麼在乎勝敗。

接下來的幾個暑假，我都努力打球。每天早上七時起床、五分鐘內吃完早餐，然後慢跑數公里到圓石灘。我通常比任何人都早到一小時，花時間對著牆壁練習正拍和反拍。白天我會打個十到十五盤、練習、上課，一直打到太陽下山，看不到球為止。為什麼我會這樣做？我真的不知道。當初如果有人問我，我會說因為我喜歡網球。儘管這是其中一個原因，但我如此投入打球主要是「完美的自我」在作祟。我渴望獲得某種東西，以證明自我的價值。我參加錦標賽時希望獲勝，但球技進步對我來說越來越重要。我希望自己越打越好。我通常都想著自己不會得勝，然後設法讓自己和其他人都嚇一跳。要打敗我不容易，但是要我在最後關頭解決對手，也同樣很困難。儘管我痛恨輸球，但卻不怎麼喜歡打敗對手，因為這樣做會讓我覺得有點尷尬。我孜孜不倦的練習，從未停止增進揮拍技術。

到了十五歲，我贏得了全國硬地網球錦標賽的男子組冠軍。能夠在重要的錦標賽中獲勝，令我感到興奮。同一個夏

天，我到卡拉馬祖（Kalamazoo）參加全國錦標賽，進入八強之後，我以3–6、6–0、10–8輸給了七號種子球員。最後一盤時，我在發球局時還以5–3、40–15領先。我非常緊張，卻感到樂觀。在第一個賽末點時，我的第二發企圖打出愛司球，結果雙發失誤。第二個賽末點，我在滿場觀眾之前上網截擊，卻錯失了一擊斃命的大好良機。此後許多年，我在無數的夢裏重複夢到那個賽末點。二十年前的事，依然歷歷在目。為什麼？這樣糾結有什麼用？但當時的我，並沒有想到要這樣自問。

　　上大學之後，我已打消了用錦標賽來證明個人價值的念頭，樂於充當「球技不錯的業餘球員」。我花大部分精力追求學術表現，有時候只是想要爭取好成績，也有時候是在尋找「真理」。大學二年級之後，我進入校隊。我發現如果學業表現不佳，也會影響到我在網球場上的表現。我會想在球場上加倍努力，證明自己，好像要彌補課業上的表現似的。但我發現，在某個領域缺乏自信，就會影響到另一個領域。幸好相反的情況也同樣會發生。打校隊的四年期間，當我走進球場要比賽時總是會緊張。到了大四並獲選為隊長後，我理智上還是認為比賽無法證明任何事，然而在比賽前我通常還是會緊張。

畢業後我放棄參加網球賽十年之久，開始我的教學生涯。我在新罕布夏州（New Hampshire）的埃克塞特學院（Exeter Academy）教英文，發現即使是最聰明的孩子，也會在學業的學習和表現上遇到困難。我在美國海軍核動力潛艇托佩卡號（USS Topeka）擔任教官時，我發現我們的教育體系非常貧乏、訓練方法非常落後。海軍退伍後，我加入一群理想主義者陣營，在北密西根成立了一所文理學院。雖然學校只撐了短短五年，但我卻對於如何學習，以及如何幫助他人學習越來越有興趣。六〇年代末期，我潛心研讀亞伯拉罕・馬斯洛（Abraham Maslow）和卡爾・羅傑斯（Carl Rogers）的著作，在克萊蒙研究大學（Claremont Graduate School）研讀學習理論（learning theory），但還沒有在學習方面有實質上的突破，直到1970年夏天，我申請「教育研究」休假，開始教人打網球。我開始對於學習理論感興趣，那年夏天，也對於學習的過程有了一些心得。我決定繼續當網球教練，並且發展出一套名為「內心比賽」（Inner Game）的理論。它似乎能快速提升學生的學習速度，也對於我的網球比賽有幫助。由於更了解專注的藝術，使得我進步很快，不久我就開始打得越來越好。我成了加州瀕海梅多布魯克俱樂部（Meadowbrook Club in Seaside）的網球教練之後發現，雖然我沒有太多的時間練習，卻能靠著我教給學生的打

球原則，在當地鮮少輸球。

　　某天，我打敗了一位好手之後，開始想像自己能在錦標賽中打得如何。我對自己的球技有自信，但還沒有和排行榜的球員對打過。因此我參加了一流選手齊聚一堂的柏克萊網球俱樂部（Berkeley Tennis Club）錦標賽。比賽的那個週末，我自信滿滿地開車到柏克萊，到達目的地後，就開始質疑自己的能力。每個球員都看似有六呎五吋高，帶著五、六支球拍。我看到常出現在網球雜誌上的許多球員，但他們沒一個人認得我。比賽的氣氛和在梅多布魯克時截然不同，在這裏我是沒沒無名。突然間，我一向抱持的樂觀，轉變為悲觀。我不禁懷疑起自己的實力。為什麼會這樣？我離開我的俱樂部到這裏才短短三小時，這之間發生了什麼事？

　　我第一場比賽的對手還真的是六呎五吋高。雖然他只帶了三支球拍，我們各自走向後場時，我感覺膝蓋微微顫抖，手腕不如平常那樣強而有力。我測試手腕數次，重複著手握球拍的動作。我無法想像球場上的情況。但當我們開始暖身時，我立即發現對手不如我想像的那麼好。如果我教他一堂課，我絕對知道可以教他什麼，而且也會迅速把他歸類為「還不錯的俱樂部選手」，然後心裏會覺得舒服點。

　　然而一小時後，在第二盤，對手以4–1領先。第一盤也是他贏，6–3。我開始發現，我即將被這位「還不錯的俱樂部選手」給打敗。在比賽過程中我常常處於劣勢，失誤也很多。我的專注力也不夠，總是擊出剛好出界的球，或是截擊時常常沒過網。

　　結果，我的對手明明勝券在握，卻開始動搖了。我不知道他腦子在想什麼，但他無法把我擊敗。他以7–5輸了第二盤，接著又以6–1輸掉第三盤。當我走出球場時，我無法想像自己贏球了，反而覺得是他輸了。

　　我馬上開始想我的下一場比賽，要面對的是北加州排名更前面的選手。我知道他比我更有參加錦標賽的經驗，也許技巧更好。我絕對不希望自己是用第一場的打法，否則他一定會擊潰我。但我的膝蓋還在發抖、更不能集中精神，而且很緊張。最後，我找了個沒人的地方坐下，好好反省。我開始問自己：「最糟糕的狀況會是怎樣？」

　　答案很簡單：「我會以6–0、6–0輸球。」

　　「那麼，如果真的是這樣呢？接下來會怎樣？」

　　「嗯……那樣的話我比賽就結束了，回梅多布魯克。人

們可能會問我比賽成績，我會說第二輪輸給了某某人。」

他們會用同情的口吻跟我說：「啊，他還挺厲害的。你打幾分？」我必須坦承：「兩盤都掛零。」

我又自問：「接著又會怎樣？」

「耳語會風傳著我在柏克萊被打得落花流水。但不久後我又捲土重來，恢復正常狀態。」

我盡量誠實地想像自己將面對的最糟糕後果。情況不好，但並非難以承受，也絕對不是慘到會影響我的情緒。我又再自問：「那最好的情況呢？」

答案非常明確：「我會以6–0、6–0贏球。」

「接下來呢？」

「我要打下一場、再下一場，直到我被打敗。這種規模的錦標賽，我難免會被打敗。接著我就要返回俱樂部，報告我的成績，幾個朋友會拍拍我的背，不久後所有事情恢復正常。」

對我來說，再打一兩場錦標賽並不見得有多大的吸引力，因此我問自己最後一個問題：「你到底想要些什麼？」

　　答案有點出乎意料之外。我發現我最想要的是克服緊張的毛病，因為這種心態會阻礙我表現最好，以及樂在打球之中。我想要克服長久以來剝奪我生命樂趣的心理障礙。我想要贏一場內心比賽。

　　發現了這個重大意義，並了解我真正想要什麼之後，我用一種全新的熱情面對屬於我的比賽。在第一局當中，我就雙發失誤三次，而丟掉了發球局。但接下來我找到全新的肯定感。這就好像我已如釋重負，站在場上自在地運用我的力量打球。那天我無法迎戰對手的旋轉球、左手發球，但我保住了我的發球局，直到第二盤比賽結束。我以6–4、6–4輸球，但我走出球場時，覺得自己贏了。我輸了外在比賽，但贏了我想要贏，而且是屬於我自己的比賽，而且我感覺非常開心。的確，如果有朋友在比賽後問我打得怎樣，我會想說：「我贏了！」

　　我終於發現世界上的確存在內心比賽，而且它對我來說是至關重要的。我不知道這比賽有什麼規定、不確定它帶著哪些目的，但我覺得它含有比贏得獎項更重要的意義。

第九章

比賽的真諦

近代西方文化對於競爭這個主題存在許多爭議。有些人極為肯定其價值，相信競爭造就了西方的進步與繁榮。也有人認為競爭是不好的。人與人因此互相評比，進而彼此分裂、敵對，不再互相合作，最後導致崩壞。肯定競爭的人推崇像是足球、棒球、網球和高爾夫球等運動項目。相反的，那些看不慣競爭的人，則傾向於非競爭形式的休閒活動，例如衝浪、飛盤或慢跑。如果他們打網球或高爾夫球，則堅持「不比賽」。他們的格言是：合作比競爭好。

反對競爭價值的人，有很多理由。就如同上一章指出，許多證據顯示，人們在競爭情況下會變得何其瘋狂。沒錯，很多人把比賽看作是發洩其侵略性的舞台，用來證明誰比較孔武有力、難以擊敗或更聰明。他們會想像，打敗對手多多少少就表示自己比對方優秀，不只是在比賽時，作為一個人也是。然而他們不知道，他們需要證明自己的價值，其實是源自於不安全感和自我懷疑。唯有不確定自己的能力或自我的價值，才需要向自己或他人證明這份價值。

因此，他們利用比賽作為塑造自我形象的手段。此舉凸顯了人們最糟糕的一面，而其內心原有的恐懼和挫折感也會跟著擴大。如果我害怕球技不好或輸了比賽會被他人看輕我身為人的價值，很自然的，我會因為屢屢失誤而對自己感到

更失望。當然，如此緊繃的情緒，將更難讓我達成最佳表現。如果不把自我形象看得那麼重，那麼比賽誰贏誰輸就沒有那麼重要了。

　　我曾教導許多兒童和青少年，他們都深信網球的球技和其他技能的好壞，會左右自己的自我價值。對他們來說，球技和得勝是舉足輕重的問題。他們經常以球技來和朋友比較。就如同相信出類拔萃、成為冠軍，才有資格擁有他們正在尋找的愛與尊重。很多家長都把這樣的信念灌輸到子女身上。然而，當我們學著按照能力和成就來評量自我的過程中，卻往往忽略了每個人的真實且無法評量的價值。從小就學會用這種方法評量自己的人，長大之後就會認為成功比什麼都重要。這樣的信念所帶來的悲劇，並非按理想而功名成就，而是無法擁有他們認為會伴隨著成功而來的愛，甚至是自我尊重。此外，他們一心一意追逐可評量的成功，遺憾的是，卻忽略了許多人類的潛能。有些人從來沒有騰出時間，去欣賞大自然的美、向摯愛的人表達最深層的感受或想法，或是思考他們的存在的最終目的。

　　有些人陷於成功的牢籠中無法自拔，但也有人選擇反叛。他們強烈地批評競爭，認為這種只重視勝利者的文化模式，忽視了表現平庸者的正面素質，這顯然是太殘酷而且非

常的侷限。最激烈的反對者是飽受父母或社會加諸這類比賽壓力的年輕人，我教導這些孩子時，常發現他們想要失敗。他們從不為渴望得勝或成功而努力，看起來就像在罷工一樣。他們不試著努力打球之餘，還滿嘴託詞：「看起來我是輸了，但這不算數，因為我沒有認真打球。」表面上看來不在乎，實際上是深信，如果他們認真打球，卻還是輸了，那就問題大了。因為這樣的失敗，是對於他們自我價值的一個評量。很明顯的，這樣的信念和崇尚競爭者想要證明自己的想法如出一轍。兩方都走了一趟自我1的旅程，也同時錯誤地以為人的自尊是建立在自己相對於對手的表現上。他們都害怕評量的結果會貶抑自己。唯有破除這種惱人的深層恐懼，我們才能發現比賽的全新含義。

　　我對比賽的態度，也經歷了重大的轉變，才演變成現在的樣子。如上一章所說，我從小相信比賽，球打得好和贏球對我來說很重要。而當我開始藉由教網球和打網球去探索自我2的學習過程時，我變得不那麼重視勝負了。我不想努力贏球，只想要為了展現卓越球技而打球。換句話說，我開始以完美自我的模式打球。我的理論是：我不在意和對手比起來我能打得多好，我只專注於培養卓越的技巧。打球就是要打得漂亮。換句話說，我情願在舞池中，帶著舞伴跳一首流

暢、準確且「睿智」的華爾滋。

但這想法好像遺漏了些什麼。我沒有渴望勝利的經驗，因此往往缺乏必要的堅決意志。過去我認為一旦渴望贏球，自我就會開始左右自己的行為。然而某個時刻，我開始問自己：人心裏有沒有一種動機是「無私而得勝」？到底有沒有一種得勝的意志是一趟無私的旅程，當中不涉及所有伴隨自我旅程而來的恐懼和挫折感？對贏的渴望，總是意味著「看吧，我就是比你好」嗎？

某天發生了一件事，讓我意外發現，網球談的並不完全是漂亮與超卓的球技。數週以來，我一直想要和某位女性約會。她拒絕我兩次，但每次都能提出很好的理由。最後我們終於約定了吃晚餐的日期和時間。那天上完最後一堂課後，另外一位教練約我打幾盤球。我說：「我很想跟你打，但今晚不行。」就在那一刻，球場櫃台廣播有人來電找我。我說：「等一下！菲德。如果我接電話後發現我害怕的事發生了，你也許就有球伴了。如果是這樣，你可要小心了！」結果真的是如我所想。她提出的藉口很有說服力，這女孩子又棒到我無法生她的氣。但掛了電話後，我火冒三丈。我抓起我的球拍，跑到球場上，以從來沒有過的力道擊球。我意外發現，幾乎所有的球都打進場內了。比賽開始時我全力以

赴，也盡力攻擊，直到比賽結束。即使是在關鍵點的時候，我也渴望勝利，也做到了。即使是超前對手時，我還是保持贏球的決心。事實上，我打得像是瘋了一樣。畢竟憤怒已超過了我預設的極限，我不再小心翼翼打球。比賽結束後，菲德跟我握手，完全沒有垂頭喪氣的表情。他不小心跑進了自己無法抵抗的暴風圈，卻樂在其中。事實上，他好像很開心看到我打了一場好球，或是說，我能達到這樣的球技水平，他彷彿感覺與有榮焉。

我不想推廣帶著怒氣打球是贏球關鍵的想法。我那一天贏球的關鍵是：全心全意打球。那天晚上我生氣了，但我沒有假裝沒事，而是透過網球適度反映了我的情緒。這感覺太棒了，而且也發揮了作用。

勝利的真諦

直到後來我發現求勝的渴望其本質究竟是什麼，才解開了比賽意義之謎。某天我和父親討論勝利的意義，並在過程中找到了箇中真諦。就如之前所說，他引導我走進比賽的領域，而且他認為自己無論在球場或商場上，都熱衷於比賽。過去我們曾熱烈爭論過比賽這個議題，而我認為它不健康，

只會將人醜陋的一面暴露出來。但這次對話更把爭論提升到更高的層次。

　　我開始舉例說明，衝浪是一種休閒活動，不涉及任何競爭性。爸爸思考後問我：「衝浪者不是在和海浪比賽嗎？他們不是要避開強浪的力道，並且探索它的弱點嗎？」

　　我回答：「沒錯，但他們沒和任何人競爭，也沒有要打敗任何人。」

　　「不，他們嘗試一邊衝浪，一邊返回海灘，不是嗎？」

　　「是，但衝浪者的重點是，騎乘在浪中，也許與它合而為一。」但我突然想到一點。爸爸說的沒錯。衝浪者的確是想把浪帶回海灘，但他會在海中等待他認為自己能處理，而且更巨大的浪。如果他只想「和海浪玩玩」，他可以選擇一個中型的浪就好了。為什麼衝浪者要等待更巨大的浪呢？答案很簡單，而且也揭開了一直困擾我的問題：比賽的真實本質。衝浪者等候巨浪，因為他重視巨浪帶來的挑戰。他重視浪潮在他身邊激起的阻礙。他要突破一切障礙，凌駕著浪潮返回海灘。為什麼要這樣做？因為這些阻礙、浪的規模和翻騰的力量，都需要衝浪者竭盡全力去克服。唯有面對巨浪，他才需要用盡所有技巧、勇氣，以及全神貫注；唯有在這樣

境況下，他才能充分了解自己能力的極限。就在這一刻，他
往往能發揮最顛峰的技巧。換句話說，衝浪者面對越具挑戰
性的障礙，就越有機會探索並拓展自己真正的潛能。這份潛
能也許一直都存在於他的體內，但唯有透過行動展現，否則
將永遠都是潛藏的祕密。而障礙是自我探索過程中的必要因
素。請注意，這個例子裏的衝浪者沒有表明他要證明自我、
炫耀技巧，或告訴全世界自己有多偉大，而只是在發掘自己
的潛在能力。他直接且切身體驗自己的資源，因此增進了自
我認識。

透過這個例子，我更清楚了解到勝利的真正意義。勝利
就是克服困難而達成一個目標。但是勝利的意義充其量只等
於其所達成目標的價值。比起達成目標本身，自己使出渾身
解數、克服困難的經驗，可能更有價值。這個努力的過程，
絕對比勝利本身令人收穫更多。

一旦人們肯定了難以克服的困難有多麼寶貴，那麼人們
熱衷運動比賽的原因，以及可以從中獲得的效益，就不言而
喻了。打網球時，是誰讓球員面對挑戰，並引領你發揮技能
極限的呢？當然是你的對手！你的對手是朋友，還是敵人？
他是朋友，因為他竭盡所能，為你鋪設困難的道路。唯有扮
演好你敵人的角色，他才是你真正的朋友。和你比賽，其實

是和你合作！沒有人會想要呆站在球場上，等候巨浪的到來。在這樣的比賽中，你的對手有責任盡可能為你打造最大的難題，就如同你也要這樣對他一樣。唯有這樣做，彼此才能給予對方機會，探索自己能到達怎樣的顛峰。

因此，我作出了發人深省的結論：真正的比賽就是真正的合作。球員費盡全力打敗對方，但在比賽當中，我們打敗的並非對方，而單純只是克服他所設下的障礙。真實的比賽中，沒有人是輸家。雙方都因努力克服對方設下的障礙而受惠。就如同兩頭公牛彼此用角頂著對方，雙方因此更能茁壯，並參與到對方的成長過程中。

這樣的態度會改變你面對網球比賽的方式。首先，與其希望對手雙發失誤，你實際上希望他第一發就成功，這樣可以幫助你達到更好的心理狀態，再打個好球回敬他。你想要更快速回應與移動，讓對手感到更有挑戰性。你對於你的對手和你自己都有信心，這會大大有助於你對於球以及球賽的判斷。比賽結束時和對方握手，不論勝負都要謝謝他為你創造的競爭局面。這不是違心之論，而是真心話。

我曾想過，如果我和一位反拍打得很差的對手打一場友誼賽，要利用他的弱點擊敗他，似乎有點不公平。在前述的

場景下，真理總是會彰顯的！如果你一直攻擊他的反拍，他最終會把反拍打得越來越好。如果你人太好，拼命要打他正拍，他反拍最終也會維持在打不好的水準。好好扮演他的敵人的角色，你才是真好人。

我對真實比賽的本質之反思，讓我改變了原有的想法，並進一步提升我的球技。我十五歲的時候，在一場地方錦標賽中打敗了一位十八歲的球員。賽後爸爸從站台上跳下來，由衷地慶賀我的勝利，但媽媽的反應卻是：「天啊，這可憐的孩子。他被比他年輕那麼多的人打敗，一定覺得很挫折。」這明顯是兩種心理在對壘的例子。我同時感覺驕傲和罪惡感。在我明白比賽的目的之前，我從不因打敗他人而深感快樂。而且當我越接近勝利，心裏也面臨越來越沉重的煎熬。我發現很多球員都存在這樣的心態，尤其是快要爆冷門擊敗對手的時候，他們的心理壓力就越大。為什麼會這樣呢？原因之一是對比賽的認知錯誤。如果我假設勝利讓自己更值得他人的尊重，那麼在我的意識或潛意識中，我一定也相信打敗對手會讓他變得比較得不到別人尊重。不拉一個人下來，我無法更上層樓。這樣的信念難免會讓我們生出不必要的罪惡感。要在球場得勝，你無須當殺手，只須了解殺戮並非比賽之道。今天我因為一分一分的贏下來而獲勝，既簡

單又美好。我不擔心輸贏，重點是我有沒有在每一球都竭盡全力，因為我明白真正的價值何在。

竭盡全力並不表示要過度使用自我1。它指的是集中精神、抱持決心，並信任自己的身體，「讓事情自然發生」。它指的是至高的體能和心智能力。此時此刻，競賽與合作再度合而為一。

在乎勝利與為了得勝而作出努力，兩者之間似乎只有些微的差異，但實際上，這個差異是很明顯的。當我只在乎勝利時，我是在求取一件我無法完全掌控的事。外在比賽的輸贏，是對手和我個人的技巧與努力的結果。當人情感上牽繫著自己無法控制的結果時，他就會變得焦慮，而且會過度努力。但人們可以控制自己因為渴望得勝而花費多少心力。每個人在任何特定時刻都能夠盡力而為。沒有人會因為一個可掌控的局面而感到焦慮，光是意識到自己已竭盡全力去贏下每一分，就能讓你消弭焦慮的問題。在此情形下，你可以將浪費在焦慮及擔心後果上的力氣，轉為用於努力得分。這將讓你發揮最大的潛能，以贏得外在比賽。

因此，對於內心比賽的球員來說，你必須時時努力摒除執念，全心關注於此時此刻決定真正勝負的行為。這場比賽

將永無止境。最後再提醒你。大家都說努力方能成就偉大志業。我相信這種說法，但一切努力都能成就偉大志業的說法，卻不見得是對的。曾有一位智者告訴我：「談到克服困難，就會看到三種不同的人性。第一種人看到大部分障礙都無法克服，轉頭就走。第二種人看到障礙會說：我可以克服它。接著就開始挖洞、或攀爬、或把它炸碎。第三種人決定要不要克服困難前，都會去設法了解障礙的另一面到底是什麼，接著再衡量其收穫是否值得他去努力探尋。掌握全盤局面後，他才決定要不要去克服困難。」

第十章

球場外的內心比賽

　　本書敘述至今，談的都是應用於網球的內心比賽。一開始，我們觀察到打網球的許多困難，都是從心而生。身為網球員，我們打球前和打球時都想太多。我們花太多時間控制走位、太在乎行動的結果，以及成敗將如何反映我們的自我形象。簡單來說，就是太焦慮，也無法聚精會神。為了要清楚知道打網球時的心理障礙，我們提出了自我1和自我2的概念。自我1指的是有意識的自我思維，向來喜歡告訴自我2（你和你的潛能）要怎樣打網球。要培養自發性的高水準球技的關鍵在於：設法解決兩個自我之間的不和諧關係。你必須學習幾項內心技能，主要是：不自我批判、讓自我2擊球、認定並相信天生的學習過程。最重要的是，學習放鬆且專注的藝術，並從中發展實際的打球經驗。

　　此時我們引進了內心比賽的概念。這些內心技能不但對人們的正拍、反拍、發球和截擊（網球的外在比賽）產生卓越的效果，更對於廣泛應用於人生其他領域帶來深遠的意義。舉例來說，球員一旦了解，學會集中精神也許比學會反拍更有價值，他就會馬上從外在比賽的球員，轉變為內心比賽的球員。接著，他也不再以增進球技為焦點，反而是因為要增進專注力而練習網球。此舉代表一種價值觀的轉變：從關心外在成果，轉移到內心比賽。唯有轉移焦點，球員才能

釋放過度在乎外在比賽結果而導致的焦慮和挫折感。如此也才有機會超脫自我 1 在各種自我旅程中慣用的控制慾，並對於自己真正的潛能有一種新的覺察。如此一來，比賽就成為一個有趣的平台：每位球員在此竭盡全力得勝，並且為對手創造機會，讓對手也達到全新水平的自我覺察。

因此，網球涉及兩種比賽：外在比賽打的是排除對手給你的障礙，並爭取一項獎品；另一種則是內心比賽，也就是與自己心理和情緒的障礙比賽，以贏得認清自己潛能的知識，並在適當時機發揮這份潛能。你也應了解，內心和外在比賽是同步進行的，因此，你要作出的選擇，並非在於要打哪一種比賽，而是排定兩者的優先順序。

很明顯的，每項人類活動都涉及外在和內心比賽。無論我們追求的是財富、教育、聲譽、友誼、世界和平或單純想要吃怎樣的晚餐，我們和我們的外在目標之間都存在外在障礙。而內心障礙總是存在。我們用以達成外在目標的心智，很容易就會因為焦慮、後悔或深陷困境的傾向而備受干擾，進而導致從內而外產生的無謂難題。我們懷抱林林總總的外在目標，而且需要學習許多技能才能達成這些目標。然而，內心的障礙只出於一個源頭，而需要克服這類障礙的技能卻是固定不變的。無論你身在何處、正在做什麼，除非你征服

了自我1，不然就會心生恐懼、疑慮和妄想。打網球的專注力，本質上與執行任何任務，甚至是欣賞交響樂所需的專注力並沒有不同。學習放棄因自己反拍打法而批判自己的習慣，和學習忘記如何批判自己孩子或上司的習慣一樣。而學習接受比賽的障礙，將自動讓人們一旦在生命歷程中遭逢各種困難時，仍能從中找出生命的優勢。因此，每一次的內心收穫，都能立即且自動應用到人們全面的活動範圍中。這就是我們值得花時間關注內心比賽的原因。

打造沉著的內心世界

現代人最不可或缺的態度也許是：身處瞬息萬變的動盪局勢，仍然能保持冷靜。最能在現代生存的人，應是作家吉卜林（Rudyard Kipling）所形容：「兵敗如山倒時，仍不致垂頭喪氣者。」冷靜指的不是無視危險的存在，而是透徹掌握現況，並作出適當回應的能力。在此情況下，無論自我1如何對現況做出回應，都無法干擾你內心的沉著冷靜。

相反來說，動盪不安指的是自我1深受特定事件或處境影響，挫折感油然而生時，我們就容易感到失落沮喪。自我1傾向於扭曲對事件的看法，誤導我們採取不當行動，進而導

致進一步使我們的內在失衡。這就是所謂的自我 1 惡性循環。

　　人們會問：「要如何管理這樣的精神壓力呢？」即使你去上了一些課，也採取了補救措施，但自我 1 往往還是在我們身上加諸精神壓力。「管理精神壓力」的問題在於：你相信這些精神壓力是逃避不了的，總是有一些精神壓力是你必須去管理或面對的。我注意到自我 1 是越挫越勇的鬥士。因此，面對精神壓力的另一種方法是建立自己的穩定性。支持並鼓勵你的自我 2，了解到它越強大，你就越不容易失衡，而且可以快速沉著應戰。

　　如果我們放任自我 1，它將是偷走我們生命樂趣的小偷。我活得越久，就越感謝生命，它本身就是天賦的禮物。這份禮物比我能想像的偉大得多，因此若在背負精神壓力下度過人生的每一刻，無論是球場內或球場外，你都會錯失許多美好時光。太陽底下無新鮮事，熟悉亙古流傳的真理，也許更能掌握人生的智慧，不必到處尋訪新答案。有些事雋永長存。信任自己，並在了解自己的情況下成長。摒除批判自己和他人「好壞」的心態，永遠是一道通往心如明鏡的門戶。也要了解自己生命的優先順序，特別是你一生最重視的事物。只要一息尚存，它永遠都是最重要的。

　　當壓力從四面八方而來時，你會比過去更能從容面對。妻子、丈夫、上司、孩子、帳單、廣告、社會本身，都會對我們的生活予取予求。「做好這個、多做點那個、要這樣做別那樣做、你要有所成就、要更像那個某某人、我們正在啟動這些改變，你就照著改變吧。」這些訊息和「你要這樣打球，你不這樣打就表示你打得不好」如出一轍。有時候別人以親切或實際的方式提出要求，以致看似生命最天真的一面，但有時候卻又很嚴苛，促使我們因為恐懼而採取行動。但有件事是確切無誤的：我們將持續面對外在壓力，而且事實上壓力的步伐將加速，而且強度也會增加。資訊如雪球般累積，因此，我們需要培養更多知識，並拓展我們的能力。大部分人必須達成越來越多的工作要求，但失去工作的威脅感也與日俱增。

　　大部分精神壓力可以用一詞簡單概述：羈繫（attachment）。自我 1 太依賴其經驗中的人事物境況，以致發生或即將發生變化時，他都備感威脅。要免於精神壓力不見得要放棄任何事物，而是必要時要學會放手，了解到這樣做，我還是一樣活得很好。放手是更能自立自強的表徵——他不一定得是獨自一人，而是更依賴內心沉著冷靜的特質。

　　在艱困時刻培養冷靜的智慧，是人生致勝的顯著要求。

通往沉著內心的第一步，就是要認定我們擁有一個天生有其獨特需求的內在自我。這個自我擁有你所有的天賦和能力，讓你期望成就某些事業，也有其獨特的需要。這些需要是天生的，我們甚至不必受教育，都知道其存在。無論我們生於何處，我們天生就擁有自我2，而且本能上就想履行這樣的天性。他希望享樂、學習、了解、欣賞、達成成就、休息、健康、生存、自由自在、表達自我並作出獨特的貢獻。

自我2以溫和但持續不斷的口吻說出其需要。如果人們能與這個自我同步前行，你就能感受到他／她所散發的心滿意足。然而，最基本的議題是：相對於所有外在壓力，我們為自我2的需要所排定的優先順序為何？我們認為他／她多重要？很明顯的，每個人都必須自行回答這個問題。

就跟每個人一樣，我必須學習一件非常重要的事：如何分辨自我2的內心要求，以及被自我1「放進內心」的外在要求——它們已在我的思維中烙印，使得它們「看似」出自我的內心。作為自由業者二十五年，我承認我曾經是最擅長把壓力加在自己身上的人。但慢慢地我發現，我試著承受壓力，務求達成的那些要求，事實上並非真正出於自己的想法，而是我從小就耳聞，因此「承擔」或「引進」我生命裏的一些東西，或者是說，它們看似是普世價值。它們聽起來

合理正派，因此比起出自我內心複雜且堅定的渴望，更能輕鬆被採納接受。

有一篇我非常喜歡的採訪文章，是對於網球選手珍妮佛‧卡普莉亞蒂（Jennifer Capriati）的專訪。當年她十四歲，已打進世界女子網球錦標賽，表現非常傑出。記者問她和世界級選手對打時，她是否很緊張。珍妮佛回答她完全不會緊張。她說她很榮幸能和高手對壘，這是她夢寐以求的機會。「但妳已進入世界錦標賽的準決賽，而且才十四歲，而且所有人的期望都放在妳身上，妳一定會感到某種程度的壓力吧？」對於記者的追問，珍妮佛的回答簡單、天真，而且在我看來，是完全出於自我 2。她大聲地說：「如果我打網球會覺得害怕，我就不知道我為什麼要打了。」記者接著也問不下去了。

也許我們內心憤世嫉俗的一面會說：「哈，你看看珍妮佛後來怎麼了。」沒錯，她也許頭幾輪輸給了自我 1，但比賽並非單靠一次勝負來評斷的。自我 1 不輕易放棄，自我 2 也一樣。珍妮佛的自我 2 完整無缺，這點我毫不質疑。珍妮佛十四歲時對恐懼的看法，應可啟發我們確切面對挑戰。

照著我們對兩個自我的回應而釋放壓力，就能讓每一刻

都有機會讓自我2扮演真實自我、享受每個生命過程。依我看，這是終生的學習過程。

　　但願閱讀至今，你已了解我並不是在推廣所謂的正向思考，也就是即使事與願違，事情還是很美好那一套。我們不用逼自己這樣想：「如果我覺得自己仁慈，我就是仁慈的。如果我覺得自己是贏家，我就是贏家。」就我所知，這是自我1試著建立一個更好的自我1；是狗追著自己的尾巴打轉。

　　我最近教課時一直提醒自己和學生，雖然我來自加州，但我不相信自我增進（self-improvement）的理論，更絕對不想要增進他們。我這樣說，有時會讓學生嚇得目瞪口呆。但我不認為任何人從出生到死亡，他們的自我2是需要增進的。他們的自我2通常都是沒有問題的。我比任何人都需要記住這一點。沒錯，我們的反拍可以打得更好，我的文章也可以寫得更好。的確，我們的人際關係技巧當然可以更好。然而，穩定性的基礎在於了解：人類基本上都沒出什麼差錯。

　　相信我，我說這話時已考慮到自我1已帶來多大程度的干擾。但照我天生的個人經驗，我們體內總有一個地方是未受自我1的污染。也許我必須再一次學習這個事實，因為我

從小就有與之相反的觀念：我不管怎麼說都是不好的，因此必須學習做得更好。

那段歲月裏，我很努力地做得更好，來抵銷這種負面的想法，但卻過得不太快樂，也不覺得有收穫。雖然我通常能滿足想要取悅或安撫的人的期望，有時候甚至做得更好，但卻付出了未與內心對話的代價。探索網球的「內心比賽」幫助我以非常務實的方式了解到：即時自我 2 只掌握到其自身的資源，也能表現傑出。我希望我能一直相信自己，保護自己不受足以破壞這層信任的外在或內在聲音的影響。

我們還能做些什麼，以促進這樣的穩定性呢？內心比賽的訊息非常簡單：專注。專注於當下，因為這是你真正活著的時刻。這是本書的中心思想，也是做好任何事情的核心關鍵。專注的意思是不耽溺於沉淪或輝煌的過去、不追趕充滿恐懼或夢想的未來，單純就把所有注意力放在當下。專注指的是不要讓想法虛無飄渺的四散。它不是要你不思考，而是要主導思想的方向。你可以在網球場上、切紅蘿蔔、在開充滿壓力的董事會或塞車的道路上練習專注。你可以獨自或和人對話時學習專注。這就好像聽別人說話時，腦袋不會亂轉到別的想法一樣。完全信任自己能專注，就如同你能看清楚網球的每個細節，而不去聽自我 1 的憂慮、期望和指示。

　　我接受一切無可控制及可控制的事物後，穩定性就開始提升。在大學畢業第一年的某個寒冬夜晚，我首次（但絕對不是最後一次）學會接受生死有命所帶來的力量。我一人駕著我的福斯金龜車從緬因州的一個小鎮前往新罕布夏州的埃克塞特。那時已接近午夜，車輪經過結冰的彎路時突然打滑，輕輕卻無情地把我的車子轉出路面，推向路旁的雪堤上。

　　我坐在車內感覺越來越冷，處境的嚴重性也讓我心生畏懼。車外溫度約為零下二十度，而我只穿著一件運動夾克。如果一直無法發動車子，我將無法維持正常體溫，而且也不太可能在路上碰到別的車子。我是在二十分鐘前經過一座城鎮，至今沒看到任何一輛車經過。放眼望去，我看不到任何農舍、耕地、甚至沒有一根能提醒我這是文明社會的電線桿。我手上沒有地圖，也不知道離下一座城鎮會有多遠。

　　現在我必須作出一個有趣的抉擇。如果留在車內，我會凍僵。因此我必須決定往前走向未知的世界，希望下一個角落就能看到城鎮，還是決定往回走至少約十五英哩就能找到援助。想了好一陣子之後，我決定冒險走向未知的世界。畢竟電影都是這樣演的，不是嗎？我向前走了大概十步，就毫不思索調頭走回頭路。

　　三分鐘之後，我的耳朵開始冰冷，感覺好像要掉下來一樣，因此我開始跑。但嚴寒的溫度似乎迅速抽走我的能量，因此很快我又停下來用走的。這次我只走了兩分鐘，又開始覺得冰冷。我又開始跑，但很快又覺得疲倦。我跑步和走路的間隔開始變得越來越短，不久後我發現這樣做會帶來怎樣的後果。我看到自己躺在路邊凍僵了，身體完全被雪覆蓋。這個艱難的狀況開始變得如同我生命的終點。察覺自己可能會死之後，我停下腳步。

　　想了一分鐘之後，我大聲地說：「好吧，時間到了，那就來吧。我已準備好了。」我打從心底這樣想。我打住這個念頭，開始平靜地走在路上，並突然發現，夜原來如此之美。我陶醉在寧靜的星空下，愛上了星空映照下的淡淡夜色，一切都如此美麗。接著在不假思索的情況下我開始跑步。我意外地發現自己跑了四十分鐘沒有停下來過，最後終於看到遠方一間房子內亮著一盞燈。

　　不停跑步的精力到底來自何處？我不覺得恐懼，只是沒感覺到疲倦或寒冷。就好像我現在說這個故事一樣，我說「我接受死亡」似乎是有點含糊。談到放棄，我並沒有放棄。一方面我放棄了一種「在乎」的想法，心裏卻充滿另一種思維。放棄掌控生命似乎釋出了一種矛盾的能量，讓我得

以用全然放棄生命的方式向前奔跑。

「放棄」這兩個字最能形容自認沒什麼可以失去的網球員。他不再在乎結果，最後反而能盡力發揮個人表現。這就像是不在乎自我1的疑慮，卻接納更深層且真實的自我的本能。這是一種在乎，然而也是不在乎；這是一種努力，卻同時又毫不費力。

內心比賽的目標

現在我們要討論最後一個有趣的重點。我們曾經談到無論我們選擇做什麼事，都不要擋自我2的路，讓他更能發揮表現和學習。專注、信任、選擇、不帶批判的自我意識，都是達成此目的的建議工具。但我們還沒有提到一個問題。何謂「贏得內心比賽」？

幾年前我也許曾嘗試回答這個問題。現在我情願不回答了，即使我認為這是個最重要的問題。嘗試為這個問題找答案，就會讓自我1趁虛而入，提出誤導的概念。事實上，自我1已走了好長一段路，才能認真的承認，他不知道，而且是永遠都不知道答案為何。因此，個人才能更有機會感覺自己的需要、追隨內心的渴望，並探索真正能讓自己滿足的事

物。那是只有自我 2 才會知道的──在沒有來自外界給予的表揚或稱讚下──某種我會欣然接受的東西。

未來

有時候有人會問我對「內心比賽」的未來的願景。這個比賽在我出生前就已開打，到我身後也將持續。我對此毫無願景，因為它自有其願景。我有幸有機會見證並樂在其中。

針對「內心比賽」，也就是我的一系列「內心比賽」書籍裏所說明的方法與原則之發展和應用，我相信它們將於下個世紀變得越來越重要。我真心相信在過去數百年裏，人類過度沉迷於克服外在挑戰，因而忽略了內心挑戰的重要性。

在體育項目上，我希望看到所有體育教練能內外兼具，也就是說，能同時指引學生發展外在和內心技能。如此一來，他們更能擁有來自專業的尊嚴，當然也進一步造福他們訓練的球員。

我相信商業、健康、教育和人際關係，將隨著深入了解人類發展和其所要求的內心技能而演進。我們將成為更好的學習者，以及更獨立的思考者。簡而言之，我相信我們目前

仍處於內外在世界不太平衡的境界，需要開始採取行動，取得兩方面的均衡發展。這不是一味強調自我，而是自然生成的自我探索過程，並在學習對自我作出基本貢獻時，也造就了整體。

結語

　　50多年前，我發展出一套方法，讓人們不是透過各種技術指南來學習，而是透過經驗。當我決定彙整理念成書時，我無法想像已賦予《比賽，從心開始》寶貴的生命，其影響不僅在網球界，還有其他的運動項目，且最終影響到人們的日常生活：如何面對工作、人際關係和自己內心的障礙。無數人渴望透過其內在的智慧及觀察到的經驗來學習，我被他們深深感動。他們更激勵我後續又寫了一系列與高爾夫球、滑雪、音樂、壓力管理、工作相關的「內心比賽」書籍。接著還有人發現這套法則擁有改變工作場合表現的潛力，因此我和其他人共同創辦了全球性的顧問公司，與蘋果電腦、AT&T、可口可樂和勞斯萊斯等國際企業合作。

　　很高興許多傑出的運動員、專業教練、商業巨擘，甚至是音樂家都應用了內心比賽的原則，並得到心靈的愉悅、學會從經驗中學習，無需過度努力，就能交出良好的表現。然而，這個五十週年紀念版，更是要特別獻給所有熱愛內心比

賽的忠實讀者——他們純粹為興趣而打球，更在家裡的書櫃、球袋、或儲物櫃內擺著一本已經翻得破舊、折角的《比賽，從心開始》。

　　這本書探討的是自然而然地從經驗學習，以及不批判自我、專注的重要性。我們強調要培養自己進入「放鬆而專注」的狀態，相信身體的內在智慧，學著進入一種高度覺察的境界，行動如行雲流水，毫不費力且依循本能。

　　我個人的經驗是：內心比賽的真正目的是在每一個人的心裡。外在的一切皆瞬息萬變，無法全然滿足我們，但每個人的內心都有一些心理學書籍不曾提及的東西。它不是那種可以用言語表達的信念或理念，但卻是真實不變的。它的美和價值沒有極限。它是我們所有潛能的源頭、生命成長的種子。當人們找到方法去直接經歷它、當人們直接面對生命的本質時，他們就已達成內心比賽的第一個目標，但還不是最終目標。現在，當我們走到這趟旅程的最終章，我們就抵達了比賽和生命本身的重要時刻——什麼是勝利？

　　我越來越意識到：我們每一個人生來都想要有所成就，卻總是因為內心過度地渴望表現而失敗。所以真正的勝利是：專心一意地克服過度自我控制的干擾，以及自我懷疑、害怕失敗等心理障礙。無論是在球場、職場、甚至是人生目標，這些人性的弱點都是許多人已被灌輸並接受的想法。

　　想要確切找出自己想贏得什麼，一個好的開始就是：覺察自己每天的經驗。你是否曾問過自己：「嘿，你到底想要什麼？怎樣才能達成它？怎樣才能讓這個任務做得更高效、人生更自得其樂？怎樣讓自己能實現生而為人的尊嚴？」要找到自己的目標，就必須自問這些問題，並試著找到答案。我就是透過這樣的過程來「認識自己」（know thyself）——一如希臘哲學家蘇格拉底的教誨。

　　生而為人，我們不斷尋找自我的意義，但是要記得：命運操之在己——我們掌握自己的方向，且透過每日做出的選擇，我們行使掌控權。畢竟我們活在世上的時間有限，必須妥善運用。因此，真正的勝利是：全心投入自我並活在當下，做任何事皆全力以赴，並懷抱著大地賦予生命的喜悅、愛與感恩之心，從每一個經驗中學習。

　　我現在已85歲，仍在繼續發現人生的意義。世上再也沒有什麼比活著更好了，特別是當我們察覺到自己真正在乎的是什麼。探討心靈的知識常被人遺忘，然而，經驗告訴我，探索自我最能帶來喜悅和全然的滿足。這就是勝利。

獻上對讀者的愛與尊重

提姆

致謝

　　我的父親 Ed Gallwey，謝謝您。您激勵我在自選的運動項目中脫穎而出。八歲時我在高爾夫球和網球當中選擇後者，您問我選擇的原因，我回答：「因為花的錢比較少。」在全國少網賽中我排名第 7，並在哈佛就讀二年級時成為網球隊隊長。感謝我的「自我 2」，也就是我的內在潛能，在我選擇網球期間，我不斷進步。感謝我的母親 Irene Grissim Gallwey 對我的關懷，讓我能在競爭激烈的社會中保持初心，而姊姊 Irene 則以身作則，以卓越表現為其人生目標。我尊重她的自主選擇，這讓她快樂地活到九十多歲。妹妹 Mary 是網球教練，她充分掌握了內心比賽的精髓，並因此找到內心的平靜。

　　在內心比賽的旅程中，我得到無數人的幫助。感謝一路上有幸遇到的眾多老師。我的第一位網球教練 John Gardiner，你教我打球的簡樸之美；你的課程對我終身有益。Don Prince，謝謝你。作為一個 21 歲的職業網球選手，你帶我到

北加州置身於波濤洶湧的大海，讓我學會釣鱒魚。Larry Bacon，我高中最要好的朋友，你成為我的典範，離家前往羅德島州，就讀紐波特市的聖喬治學校（St. George's School），那也是我父親曾讀過的學校。Mulholland 先生，當我在 Town School for Boys 就讀8年級時，您在每個班導師時間都和我下棋。亨利·季辛吉（Henry Kissinger）博士，您給了我勇氣，通過哈佛第二年的政治學期末考，並啟發我在接下來的兩年只選擇自己感興趣的課程。我從此不再恐懼。Charan Anand 是我的網球和高爾夫球好友，你用最深刻的方式，即一直以來對我的信任和忠誠，讓我找到自我探索的最深刻技巧，正如普仁羅華（Prem Rawat）的教導，他的努力啟發我對於人類內在深邃的神聖獻上最高敬意。

　　謝謝微軟（Microsoft）的比爾·蓋茲（Bill Gates），你啟發我接受挑戰，與你在全球並非最富裕國家的夥伴們一同創造卓越的成就，而且您也為我的《比賽，從心開始》50週年紀念版寫序。卡爾·羅傑斯（Carl Rogers），您組成的自發會心團體排除了我對人群的恐懼，包括對我自己。謝謝 Sargent Shriver 和 Eunice Kennedy-Shriver，你們在巴黎接待我，並允許我擔任四個孩子的網球教練，也和我一起在溫布頓打雙打；還有美式足球教練彼得·凱洛（Pete Carroll），您帶過的南加大以及西雅圖海鷹隊，球員們都學到了內心比

賽的原則。

謝謝我的第一任妻子 Sally Childs Parodi，還有她的女兒 Stephanie 和兒子 Steve，你們是我長久維繫的第二個家庭之見證，說明真愛在兩個家庭中皆雋永恆久。Ella Quinlan，謝謝妳，和我共事時展現仁慈和忠誠，還有妳對妳母親和我所付出的愛。Michael Bolger，身為我真正的朋友、傑出的會計和顧問，你展現經得起時間考驗的絕佳技能。我信任你，並承諾盡己所能，學習控管財務。

謝謝 John Horton 博士，從恆河岸邊、我們的幼兒園時代直到今天。你從 1971 年起即贏得我的信賴，是我的緊密戰友。我對這一點毫無質疑。謝謝你誠實且清晰的頭腦。但願我們的觀察所見皆正確，也能勇於面對未來的歲月。

我忠誠的出版商藍燈書屋（Random House）及所有勤奮可愛的員工，謝謝你們鼓勵並協助我完成任務，出版了六本「內心比賽」系列書籍。感謝 Tom Perry，你為了這個 50 週年紀念版，回頭審視第二版的內容。Miriam Khanukaev，我的現任編輯，你年輕有為、滿腔熱血與好奇，在學習內心比賽時帶給我耳目一新的觀點。製作編輯 Andy Lefkowitz、製作經理 Sandra Sjursen、公關人員 Hope Hathcock、行銷人員 Michael Hoak、封面設計師 Daphne Chiang、內文美編設計師 Susan Turner、校對員 Courtney Vincento、Austin

O'Malley、Liz Carbonell和Killian Piraro、國外版權總監Rachel Kind和國外版權副總監Donna Duverglas，謝謝你們。

我的榮譽顧問Ely Weinschneider博士，您持久的關注與愛，幫助我更深入了解我還不知道的我自己。謝謝你。

我的朋友和合作夥伴Renato Ricci，謝謝你。你豐富了我的生命，協助我讓內心比賽的原則在全世界發光發熱。我的朋友和多年的合作夥伴Jeff Lipius，謝謝你。你的忠誠和孜孜不倦的努力，幫助我活出內心比賽的精彩生命。

謝謝我的戰友David Brown和Tiffany Gaskell，我和你們分享了許多經驗教訓，也從你們身上吸收不少。

Sylvia Prybicho，親愛的朋友和美好的傾聽者，謝謝你。你真實感受到內心比賽的精髓，啟發我精益求精。

最後，我要謝謝我的太太Barbara Ann Quinlan-Gallwey。妳無盡的愛傾注我全身，且對我始終保持信心。過去的歲月以來，妳的愛、關懷和精緻的廚藝滋養我的身心靈。

國家圖書館出版品預行編目（CIP）資料

比賽，從心開始：如何建立自信、發揮潛力，
學習任何技能的經典方法／提摩西·高威
（W. Timothy Gallwey）著；李靈芝譯. --
二版. -- 臺北市：經濟新潮社出版：英屬
蓋曼群島商家庭傳媒股份有限公司城邦分
公司發行, 2025.02
　　面；　公分. --（經營管理；143）
50週年紀念版
譯自：The inner game of tennis : the classic
guide to the mental side of peak performance
　ISBN 978-626-7195-89-5（平裝）

1. CST: 運動心理　2. CST: 網球

528.9014　　　　　　　　　　114000026